Deutsch kompetent

Stundenblätter

Wolfgang Herrndorf: Tschick

Erarbeitet von:
Friederike Hempel
Heike Henniger
Annika Wiedemann

Ernst Klett Verlag GmbH
Stuttgart · Leipzig · Dortmund

Intention

Die Stundenblätter zu Wolfgang Herrndorfs „Tschick“ sind für die Jahrgangsstufen 8 und 9 konzipiert. Konzeption und Thema entsprechen den Interessen der Schülerinnen und Schüler: Sie eröffnen neben den traditionellen Unterrichtsverfahren der Erschließung handlungs- und produktionsorientierte Zugänge zu diesem Roman. Der Fokus liegt auf dem übergreifenden Ziel des Deutschunterrichts, Lesefreude und -motivation zu fördern, was vor allem über die lebendige Auseinandersetzung mit dem Text gelingen kann.

Integratives Arbeiten steht im Mittelpunkt: Vor dem thematischen Hintergrund der Lektüre werden zentrale jahrgangsspezifische Inhalte der Kompetenzbereiche aufgegriffen und mit kreativen Ansätzen verknüpft. Die Stundenblätter liefern gestalterische und informierende Schreibaufgaben auf der Grundlage des Textes sowie Aufträge, die auf die Erweiterung des sprachlichen Repertoires durch die mündliche Interaktion mit einer Partnerin, einem Partner bzw. in der Gruppe und auf die konkrete Wortschatzarbeit abzielen. Im Sinne eines anregenden Unterrichts kommt dabei dem Wechsel der Sozialformen und der Vielfalt der methodischen Verfahren ein besonderer Stellenwert zu.

Aufbau

Die gesamte Unterrichtseinheit umfasst neun Module mit insgesamt 21 Kopiervorlagen und zwei Klassenarbeitsvorschlägen. Sie gliedert sich in drei Teile:

Kopiervorlagen

Die Kopiervorlagen sind sofort im Unterricht einsetzbar und ermöglichen eine kompetenzorientierte Erschließung im oben ausgeführten Sinne.

Analyse und Interpretation

Auf zwei Seiten finden sich Informationen zum Buch (Autor/Inhalt/Figurenkonstellation/Sprache und Stil/Zeit- und Raumgestaltung/Themen und Motive) für einen kompakten Überblick.

Kommentare und Lösungen

Dieser Teil bietet einen schnellen Zugriff auf die Ergebnisse der Kopiervorlagen. Zu sämtlichen Modulen finden sich hier Ausführungen zur Intention der Kopiervorlagen und didaktische Hinweise.

Wege der Behandlung der Ganzschrift

Eingangs weisen zwei Übersichten über die Unterrichtseinheit (Maximal-/Minimalplan) auf unterschiedliche Wege der Behandlung der Ganzschrift im Unterricht hin. Beide erleichtern das Anpassen der Erschließung an die zur Verfügung stehende Unterrichtszeit.

Der Maximalplan präsentiert das Gesamtpaket an obligatorischen und fakultativen Kopiervorlagen. Letztere erlauben eine Ausweitung und Vertiefung der Thematik. Der Minimalplan umfasst die obligatorischen Kopiervorlagen, sodass eine sinnvolle Auseinandersetzung mit dem Text gewährleistet ist.

Alle Kopiervorlagen finden sich auch auf www.klett.de (Eingabe des Online-Codes in das Suchfenster) als PDF oder als veränderbare Word-Datei, sodass sie den individuellen Gegebenheiten angepasst werden können.

Wir wünschen Ihnen viel Erfolg in Ihrem Unterricht!

Kopiervorlagen

Analyse und Interpretation

Kommentare und Lösungen

Übersicht über die Unterrichtseinheit (Maximalplan)

Modul	Thema	Material	Kompetenzen	Sozialform	Zeitbedarf
1	**Zugänge**	KV 1.1: „Denn das Leben ist wie eine große Autobahn …" – Was ein Lied erzählt (fakultativ)	- Songtext deuten - Vorstellungen formulieren - Übersicht erstellen	Einzelarbeit Unterrichts-gespräch	1 Stunde (= 45 min)
		KV 1.2: „Zwei Jungs. Ein geknackter Lada." – Was ein Klappentext verrät (obligatorisch)	- Leseerwartungen formulieren - Klappentext untersuchen	Einzelarbeit Unterrichts-gespräch	1 Stunde (= 45 min)
2	**Häusliche Lektürephase**	KV 2.1: Leseaufträge in Gruppenarbeit (obligatorisch)	- Textverständnis entwickeln - Text nach gruppenspezifischen Untersuchungs-fragen analysieren	Einzelarbeit Gruppenarbeit Unterrichts-gespräch	14 Tage
3	**Überprüfung der Text-kenntnisse**	KV 3.1: Weißt du Bescheid? (fakultativ)	- Textkenntnisse überprüfen - Textstellen Figuren und Fragen zuordnen - Erzählweise untersuchen	Einzelarbeit	1 Stunde (= 45 min)
4	**Abenteuer-roman – Roadmovie – Roadnovel**	KV 4.1: Das Abenteuer in der Literatur (obligatorisch)	- gezielt Informationen aus einem Lexikon entnehmen - Merkmale von Abenteuerromanen kennenlernen	Einzelarbeit Unterrichts-gespräch	2 Stunden (= 90 min)
		KV 4.2: Vom Road-movie zur Roadnovel (obligatorisch)	- Merkmale von Roadmovies/Roadnovels herausarbeiten - Informationsplakat erstellen	Partnerarbeit Gruppenarbeit Unterrichts-gespräch	1 Stunde (= 45 min)
5	**Figurenkon-stellationen untersuchen**	KV 5.1: Tschick und Maik – eine besondere Freundschaft (obligatorisch)	- Textstellen deuten - inneren Monolog verfassen - Handlungsverlauf visualisieren	Einzelarbeit Gruppenarbeit Unterrichts-gespräch	2 Stunden (= 90 min)
		KV 5.2: Maik und die Liebe (obligatorisch)	- Standbild bauen und auswerten - Textstellen interpretieren - Ergebnisse visualisieren	Gruppenarbeit Partnerarbeit Unterrichts-gespräch	2 Stunden (= 90 min)
		KV 5.3: Tschick und die Liebe (obligatorisch)	- Textausschnitt interpretieren	Einzelarbeit Unterrichts-gespräch	1 Stunde (= 45 min)
		KV 5.4: Maik, Tschick, Isa und die anderen … (obligatorisch)	- Figurenkonstellationen grafisch darstellen - gestalterisches Schreiben	Partnerarbeit Einzelarbeit Unterrichts-gespräch	1 Stunde (= 45 min)
6	**Sprach-betrachtung**	KV 6.1: Jugendsprache untersuchen (obligatorisch)	- sprachliche Gestaltung eines Textes beschreiben - Sprachstile vergleichen	Partnerarbeit Einzelarbeit Unterrichts-gespräch	2 Stunden (= 90 min)
		KV 6.2: Sprachliche Mittel untersuchen (fakultativ)	- sprachliche Mittel analysieren - Zusammenhang zwischen Inhalt, Sprache und Form untersuchen - Deutungshypothese untersuchen und eine eigene entwickeln - Mindmap erstellen	Einzelarbeit	2 Stunden (= 90 min)

Modul	Thema	Material	Kompetenzen	Sozialform	Zeitbedarf
7	**Reaktionen: Der Autor im Interview und in der Buchkritik**	KV 7.1: Der Autor und seine Arbeitsweise (fakultativ)	- Leben und Werk eines Autors kennenlernen	Gruppenarbeit Einzelarbeit	1 Stunde (= 45 min)
		KV 7.2: Der Roman „Tschick" in der Buchkritik (obligatorisch)	- Wirkung des Romans untersuchen	Einzelarbeit	1 Stunde (= 45 min)
		KV 7.3: Eine Buchkritik schreiben (obligatorisch)	- eigene Buchkritik verfassen - Feedback geben	Einzelarbeit Unterrichts-gespräch	1 Stunde (= 45 min)
8	**Freundschaft in Literatur, Film und Comic**	KV 8.1: Was ist Freundschaft? – Eine Annäherung (fakultativ)	- Akrostichon erstellen - Collage erarbeiten	Einzelarbeit	1 Stunde (= 45 min)
		KV 8.2: Freundschaft im Roman (fakultativ)	- Texte vergleichen	Einzelarbeit Unterrichts-gespräch	1 Stunde (= 45 min)
		KV 8.3: Freundschaft im Film (fakultativ)	- Filme vergleichen	Partnerarbeit Gruppenarbeit Unterrichts-gespräch	1 Stunde (= 45 min)
		KV 8.4: Freundschaft im Comic (obligatorisch)	- Comic gestalten - mediale Darstellungsweisen vergleichen	Einzelarbeit Unterrichts-gespräch	1 Stunde (= 45 min)
		KV 8.5: Freundschaft in der Lyrik (fakultativ)	- Gedichte unter thematischen Aspekten erschließen - mit Gedichten produktiv umgehen	Einzelarbeit Unterrichts-gespräch	1 Stunde (= 45 min)
9	**Schlüsselszenen schriftlich interpretieren**	KV 9.1: Eine Interpretation vorbereiten, planen, schreiben und überarbeiten (fakultativ)	- Deutungshypothesen überprüfen und erstellen - Textstelle schriftlich interpretieren	Einzelarbeit	2 Stunden (= 90 min)

Übersicht über die Unterrichtseinheit (Minimalplan)

Modul	Thema	Material	Kompetenzen	Sozialform	Zeitbedarf
1	**Zugänge**	KV 1.2: „Zwei Jungs. Ein geknackter Lada." - Was ein Klappentext verrät	- Leseerwartungen formulieren - Klappentext untersuchen	Einzelarbeit Unterrichts-gespräch	1 Stunde (= 45 min)
2	**Häusliche Lektürephase**	KV 2.1: Leseaufträge in Gruppenarbeit	- Textverständnis entwickeln - Text nach gruppenspezifischen Untersuchungs-fragen analysieren	Einzelarbeit Gruppenarbeit Unterrichts-gespräch	14 Tage
4	**Abenteuer-roman – Roadmovie – Roadnovel**	KV 4.1: Das Abenteuer in der Literatur	- gezielt Informationen aus einem Lexikon entnehmen - Merkmale von Abenteuerromanen kennenlernen	Einzelarbeit Unterrichts-gespräch	2 Stunden (= 90 min)
		KV 4.2: Vom Road-movie zur Roadnovel	- Merkmale von Roadmovies/Roadnovels herausarbeiten - Informationsplakat erstellen	Partnerarbeit Gruppenarbeit Unterrichts-gespräch	1 Stunde (= 45 min)
5	**Figurenkons-tellationen untersuchen**	KV 5.1: Tschick und Maik - eine besondere Freundschaft	- Textstellen deuten - inneren Monolog verfassen - Handlungsverlauf visualisieren	Einzelarbeit Gruppenarbeit Unterrichts-gespräch	2 Stunden (= 90 min)
		KV 5.2: Maik und die Liebe	- Standbild bauen und auswerten - Textstellen interpretieren - Ergebnisse visualisieren	Gruppenarbeit Partnerarbeit Unterrichts-gespräch	2 Stunden (= 90 min)
		KV 5.3: Tschick und die Liebe	- Textausschnitt interpretieren	Einzelarbeit Unterrichts-gespräch	1 Stunde (= 45 min)
		KV 5.4: Maik, Tschick, Isa und die anderen …	- Figurenkonstellationen grafisch darstellen - gestalterisches Schreiben	Partnerarbeit Einzelarbeit Unterrichts-gespräch	1 Stunde (= 45 min)
6	**Sprachbetrach-tung**	KV 6.1: Jugendsprache untersuchen	- sprachliche Gestaltung eines Textes beschreiben - Sprachstile vergleichen	Partnerarbeit Einzelarbeit Unterrichts-gespräch	2 Stunden (= 90 min)
7	**Reaktionen: Der Autor im Interview und in der Buchkritik**	KV 7.2: Der Roman „Tschick" in der Buchkritik	- Wirkung des Romans untersuchen	Einzelarbeit	1 Stunde (= 45 min)
		KV 7.3: Eine Buchkritik schreiben	- eigene Buchkritik verfassen - Feedback geben	Einzelarbeit Unterrichts-gespräch	1 Stunde (= 45 min)
8	**Freundschaft in Literatur, Film und Comic**	KV 8.4: Freundschaft im Comic	- Comic gestalten - mediale Darstellungsweisen vergleichen	Einzelarbeit Unterrichts-gespräch	1 Stunde (= 45 min)

„Denn das Leben ist wie eine große Autobahn …“ – Was ein Lied erzählt (Seite 1/1)

1 Höre dir das Lied „Autobahn“ der Band „Die Ohrbooten“ im Internet an. Lies dort auch den Songtext. Wovon handelt der Song? Welches Gefühl löst er in dir aus?
– Notiere spontan deine ersten Eindrücke.

2 Diskutiert eure ersten Eindrücke in der Klasse.

3 Die Jugendphase ist eine wichtige Station auf der Reise des Lebens. Mache dir Gedanken und Notizen zu den folgenden Fragen:
– Welche Gefühle verbindest du damit, jung zu sein?
– Welchen Aufgaben und Anforderungen haben Jugendliche sich in dieser Entwicklungsphase zu stellen?
– Mit welchen Konflikten sind Jugendliche oftmals konfrontiert?

4 Tragt die Antworten in der Klasse zusammen.

5 Erstellt gemeinsam eine schriftliche Übersicht zum Thema: „Jung sein heißt …“.
Tipp: Ihr könnt ein Plakat oder Tafelbild mit einer Tabelle oder einer Mindmap anfertigen.

Autorinnen: Frederike Hampel, Heike Henninger

„Zwei Jungs. Ein geknackter Lada.“ – Was ein Klappentext verrät (Seite 1/1)

1 Lies den Klappentext zu Wolfgang Herrndorfs Roman „Tschick“.

Zwei Jungs. Ein geknackter Lada. Eine Reise voller Umwege durch ein unbekanntes Deutschland.

„Mutter in der Entzugsklinik, Vater mit Assistentin auf Geschäftsreise: Maik Klingenberg wird die großen Ferien allein am Pool der elterlichen Villa verbringen. Doch dann kreuzt Tschick auf. Tschick, eigentlich Andrej Tschichatschow, kommt aus einem der Asi-Hochhäuser in Hellersdorf, hat es von der Förderschule irgendwie bis aufs Gymnasium geschafft und wirkt doch nicht gerade wie das Musterbeispiel der Integration. Außerdem hat er einen geklauten Wagen zur Hand. Und damit beginnt eine unvergessliche Reise ohne Karte und Kompass durch die sommerglühende deutsche Provinz.“

Aus: Wolfgang Herrndorf: Tschick. Klappentext. Berlin: Rowohlt 2012.

Quelle: Rowohlt Verlag GmbH, Reinbek

2 Welche Figuren werden erwähnt? Was erfährst du über den Inhalt?
– Fertige eine Mindmap an.

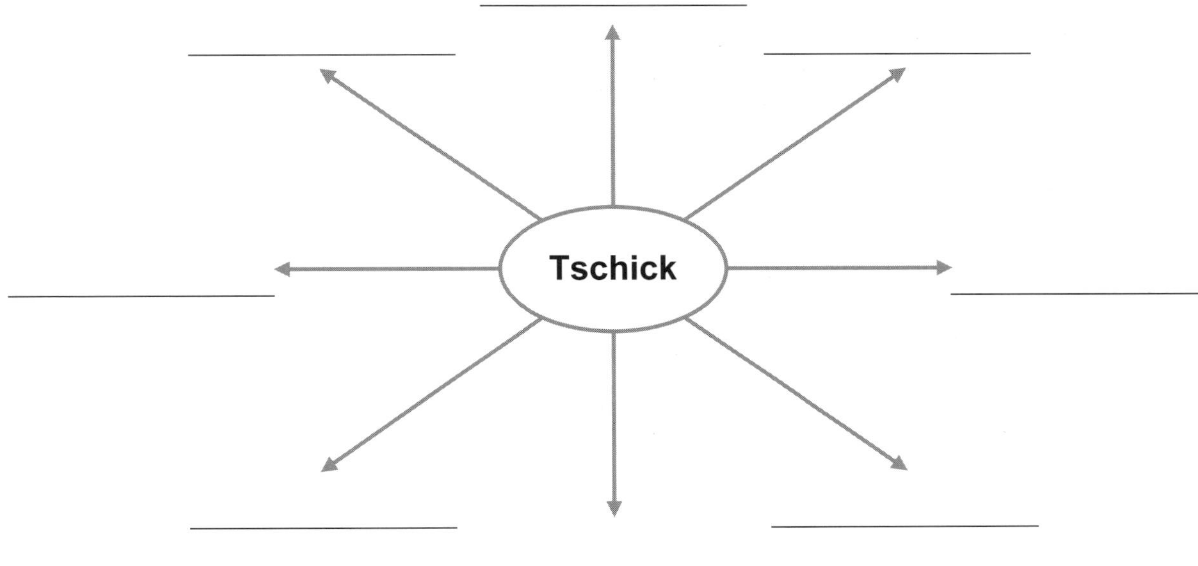

3 Lies dann das erste Kapitel aus „Tschick“. Formuliere deinen ersten Leseeindruck in wenigen Sätzen. Entwickle Ideen zum Inhalt des Buches.

Autorinnen: Frederike Hampel, Heike Henninger

Leseaufträge in Gruppenarbeit (Seite 1/4)

1 Lest das Buch „Tschick“ von Wolfgang Herrndorf.

- Teilt euch in der Klasse in fünf Gruppen auf. Jede Gruppe erhält einen Leseauftrag.
- Macht euch während des Lesens zunächst in Einzelarbeit Notizen.
- Tragt eure Ergebnisse zusammen, nachdem alle das Buch gelesen haben.

Gruppe 1: Fiktionalität und Realität	**Gruppe 2:** Jugendsprache	**Gruppe 3:** Figuren-charakterisierung	**Gruppe 4:** Stationen der Reise	**Gruppe 5:** Komplikations-modell (Handlungsent-wicklung)

Gruppe 1: Fiktionalität und Realität

A Auch wenn „Tschick“ eine fiktive Handlung erzählt, hat der Autor Wolfgang Herrndorf zahlreiche Bezüge zur Realität eingewoben.

- Macht euch Notizen zu musikalischen, filmischen, literarischen u.a. Anspielungen, die im Buch benannt werden.
- Erstellt eine Tabelle wie folgt:

Kapitel/ Seite	Musiker, Bands	Filme/ Regisseure/ Schauspieler	Autoren/ Bücher	PC-Spiele	andere berühmte Persönlichkeiten
Kap. 2, S. 12					Attila der Hunnenkönig
Kap. 3, S. 16		Mafiafilme Megan Fox			Michael Schumacher

B Welche Wirkung erzeugen solche Anspielungen für den Leser?

- Beantworte die Frage in wenigen kurzen Sätzen.

Autorinnen: Frederike Hampel, Heike Henninger

Leseaufträge in Gruppenarbeit (Seite 2/4)

Gruppe 2: Jugendsprache

A Informiert euch über die Merkmale von Jugendsprache und Standardsprache.
Welche Unterschiede gibt es? Haltet eure Ergebnisse in Stichwörtern fest.

Merkmale Standardsprache: ______________________________

____

____

____

Merkmale Jugendsprache: ______________________________

____

____

____

B Macht euch Notizen zu jugendsprachlichen Ausdrücken in dem Buch.
– Erstellt ein Lexikon in Form einer Tabelle wie folgt:

Textstelle (Kap., Seite)	Jugendsprache	Standardsprache
Kap. 1, S. 8	die Klappe halten	still sein, nichts sagen

Autorinnen: Frederike Hampel, Heike Henninger

Leseaufträge in Gruppenarbeit (Seite 3/4)

Gruppe 3: Figurencharakterisierung

A Jedes Gruppenmitglied wählt eine (Haupt-)Figur aus dem Buch.

Maik | Tschick | Tatjana

Herr Wagenbach | Friedemann | Horst Fricke | Isa

B Macht euch während des Lesens Notizen dazu, was über die Figur berichtet wird.
- Charakterisiert die Figur. Beschreibt ihr Aussehen, ihre Eigenschaften, ihre Stärken und ihre Schwächen.

C Erstellt für jede Figur ein fiktives Facebook-Profil.
- Überlegt, ob ihr euch mit den jeweiligen Figuren anfreunden würdet oder nicht.
- Begründet eure Meinung in wenigen Sätzen.

____

____

____

____

Gruppe 4: Stationen der Reise

A Markiert im Buch die wesentlichen Stationen von Maiks Reise.

B Erstellt eine kurze Übersicht über den Inhalt der einzelnen Kapitel.
- Ordnet die Kapitel ein in „scheinbare Gegenwart", „Vorgeschichte", „Haupthandlung" und „unmittelbare Gegenwart". Erstellt eine Tabelle wie folgt:

scheinbare Gegenwart	Vorgeschichte	Haupthandlung	unmittelbare Gegenwart
Kapitel 1–4 Kap. 1: – Polizeiverhör nach dem Unfall Kap. 2:			

C Fasst eure Ergebnisse in einer grafischen Darstellung zusammen.

Autorinnen: Frederike Hampel, Heike Henninger

Leseaufträge in Gruppenarbeit (Seite 4/4)

Gruppe 5: Komplikationsmodell (Handlungsentwicklung)

A Notiert, welche Figuren in einer schwierigen Situation sind. Beantwortet für jede Figur die folgenden Fragen:
- In welcher schwierigen Situation befindet sich die Figur?
- Was sind die Gründe für diese schwierige Situation?
- Kann die schwierige Situation gelöst werden?
- Welche Lösungsmöglichkeiten gibt es?

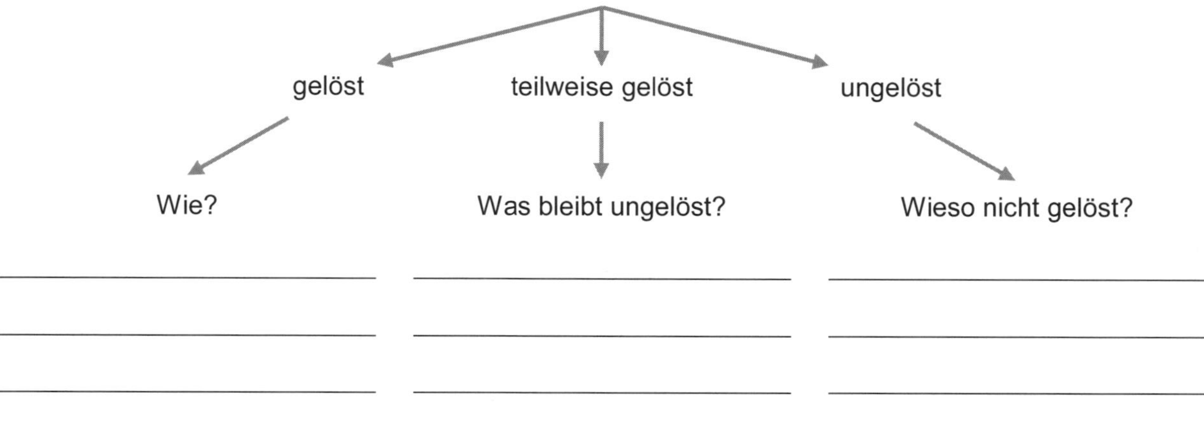

B Stellt der Klasse eure Ergebnisse vor. Entscheidet euch für eine geeignete Präsentationsart.
Tipp: Ihr könnt ein Plakat erstellen, einen Kurzvortrag halten oder ein Handout erarbeiten.

Freiwillige Zusatzaufgaben

A Schreibe aus der Perspektive Tschicks, wie er einzelne Reiseerlebnisse beurteilt.
Beginne ab Kapitel 9.

Beispiel:

Kapitel 9: Mein erster Tag in der neuen Schule war wie erwartet grauenvoll. Ostern ist vorbei und so ein komischer Lehrer namens Wagenbach hat mich in die Klasse geschleppt. Auch noch Geschichte, na super. Dann sollte ich mich der Klasse vorstellen, aber das konnte er vergessen. Soll er das doch selber machen. Zum Glück hatte ich am Morgen ordentlich Bier getankt, das machte alles weitaus erträglicher. Der Trottel konnte nicht einmal meinen Namen aussprechen. Naja, jetzt sitze ich in der letzten Reihe und habe meine Ruhe. …

B Erstelle einen Soundtrack zu dem Buch. Überlege dir:
- Welche Musiktitel werden im Buch benannt?
- Welche Musik verbindest du mit dem Gefühl, jung zu sein?
- Welche Musik hörst du, wenn du verreist?

Du kannst mehrere Titel aneinanderreihen.

Autorinnen: Frederike Hampel, Heike Henninger

Weißt du Bescheid? (Seite 1/2)

1 Maik begegnet vielen Personen auf seiner Reise. Lies dir Maiks Personenbeschreibungen durch. Von wem spricht er?
– Trage die Namen in das Kreuzworträtsel ein.

2 Füge zu jeder Person weitere Aussagen, die Maik im Buch macht, in den Sprechblasen hinzu.

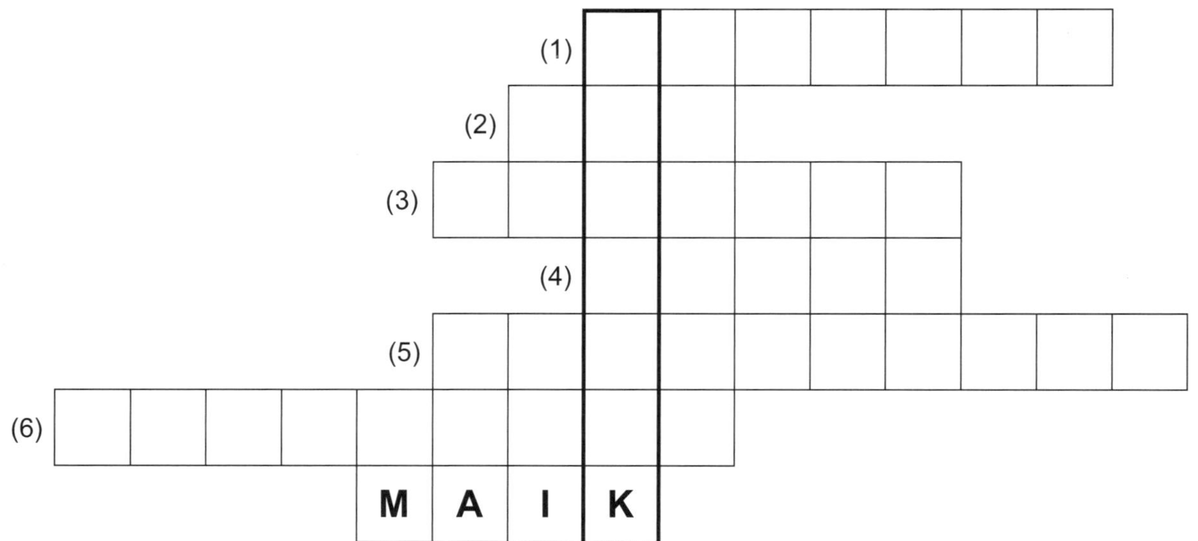

Lösungswort: ______________________________

„Sie ist einfach insgesamt super." (1)

„Das Einzige, was sie verriet, war, dass sie Schmidt hieß." (2)

„Keiner konnte ihn leiden." (3)

„Er redete nur noch von Mädeln und von Liebe…" (4)

„Es waren tolle, spinnerte Leute." (5)

„Er macht okayen Unterricht und ist wenigstens nicht dumm." (6)

Quelle: iStockphoto (Jamie Farrant), Calgary, Alberta

Autorinnen: Frederike Hampel, Heike Henninger

Weißt du Bescheid? (Seite 2/2)

3 Untersuche die Erzählweise in „Tschick“. Beantworte hierfür die Fragen. Kreuze die richtige Antwort an und begründe deine Antwort mit einem kurzen Textbeleg.

Frage	Textbeleg
Das Geschehen: ☐ wird von einer Figur, die am Geschehen beteiligt ist, berichtet. ☐ wird dem Leser durch die Redewiedergabe ohne sichtbaren Erzähler unvermittelt vor Augen geführt.	
Der Erzähler ist ☐ Maik Klingenberg ☐ Andrej Tschichatschow ☐ Isa ☐ keine der Figuren	
Die Erzählperspektive ist ☐ die Außensicht ☐ überwiegend Außensicht, aber auch Innensicht ☐ die Innensicht	
Die Erzählform ist ☐ 1. Person Singular ☐ 2. Person Singular ☐ 3. Person Singular	
Der Erzähler hat ☐ einen Überblick über das gesamte Geschehen und über das Innere der meisten Figuren. ☐ einen Überblick über die Sicht und das Innere nur einer Figur.	
Die Erzählhaltung ist ☐ sachlich, erwachsen, trocken ☐ ironisch, humorvoll, kritisch ☐ flippig, blumig, beschönigend	
Die Rede- und Gedankenwiedergabe geschieht ☐ beschreibend ☐ direkt durch wörtliche Rede	

Autorinnen: Frederike Hampel, Heike Henninger

Das Abenteuer in der Literatur (Seite 1/2)

1 Lies den folgenden Textausschnitt aus einem Lexikonartikel.
Markiere mit unterschiedlichen Farben Aussagen zu folgenden Fragen.
- Welche Wirkungsabsichten werden verfolgt?
- Welche Merkmale des Abenteuerromans werden genannt?
- Welche Informationen zur Geschichte des Abenteuerromans werden gegeben?

Abenteuerliteratur (Ausschnitt)

Abenteuerliteratur ist keine klar umrissene Gattungsbezeichnung. Man zählt vor allem Romane dazu, die in der Absicht geschrieben wurden, das Lesepublikum durch spannende Handlung und Taten eines → Helden zu unterhalten. Abenteuer, in die der Held gewollt oder ungewollt gerät, müssen von ihm bestanden werden. Meist gilt es, in der Ferne, in der Wildnis, auf dem Meer, unter fremden Völkern möglichst erschreckend ausgemalte Gefahren zu meistern.
Der Abenteuerroman weist daher Gemeinsamkeiten mit dem Schauerroman, der → Gespenstergeschichte, dem Wildwestroman [...], dem Räuberroman [...], dem Reiseroman [...] und auch mit dem → Schelmenroman auf. In all diesen Romansorten steht ein Held oder ein → Antiheld im Mittelpunkt, der die Welt als Kette von gefährlichen, schauerlichen oder auch komischen Episoden erfährt.
Die Wirkung der Abenteuerliteratur beruht auf der Identifikation der Leser mit dem Helden. Das heißt auch, dass die zu bestehenden Abenteuer von den Fantasien und Vorstellungen der Leser niemals vollkommen entfernt sein dürfen; immer knüpft die Abenteuerliteratur daher, wenn auch in oft verschlüsselten und verfremdeten Formen, an die Träume und Wünsche der Leser an. [...]
Abenteuerliche Episoden finden sich auch in den folgenden Werken der → Weltliteratur: „Der scharfsinnige Edle Herr Don Quijote de la Mancha“ (1605–15; deutsch 1621) von Miguel de Cervantes Saavedra. Schon Cervantes wandte sich im „Don Quijote“ seinerseits gegen eine Fülle von fantastischen Ritterromanen, denen in der Realität seiner Zeit nichts mehr entsprach. Weitere berühmte Werke sind Alain René Lesages „Geschichte des Gil Blas von Santillana“ (1715–35; deutsch 1774) oder Daniel Defoes „Das Leben und die seltsamen Abenteuer des Robinson Crusoe“ (1719/20; deutsch 1720/21). Der „Robinson Crusoe“ wurde zum Muster für eine Fülle von → Robinsonaden, einer Reihe mehr oder weniger vom Vorbild abweichender Bearbeitungen, die später für pädagogische Zwecke eingerichtet wurden. Auch abenteuerliche Lebensbeschreibungen wie „Die Geschichte des Tom Jones, eines Findlings“ von Henry Fielding (1749; deutsch 1786–88) sind hier zu nennen.
Besonders verbreitet waren Abenteuerromane im 19. Jahrhundert. Lange Zeit wurden die Romane von Karl May, Friedrich Gerstäcker oder Charles Sealsfield [...] kaum beachtet oder als → Trivialliteratur, wenn nicht sogar als → Schundliteratur abgetan. [...]
Das große Vorbild für die genannten Verfasser von Abenteuerromanen im 19. Jahrhundert war James Fenimore Cooper, dessen Romane wie „Die Ansiedler oder Die Quellen des Susquehanna“ (1823) und die weiteren Bände der „Lederstrumpf“-Geschichten (1824) in Deutschland seit den zwanziger Jahren massenhaft gelesen wurden. [...]
Das von Cooper und Sealsfield gezeichnete abenteuerliche Leben der Trapper, Squatter, Vermesser und Indianer spielte sich in der unberührten Wildnis Amerikas ab. Die hier entwickelten Ideen von Freiheit und Gerechtigkeit wirkten so stark auf die deutschen Leser, dass die spätere → Arbeiterliteratur daran anknüpfte.
Nach der Revolution von 1848, deren Scheitern politische Hoffnungen für lange Zeit begrub, wird die Abenteuerliteratur mehr und mehr zu einer Art Ersatzbefriedigung für in der Gesellschaft nicht zu realisierende Bedürfnisse. In den Abenteuerromanen werden die vom Leben Benachteiligten zu Siegern, die häufig vorkommenden Rettungs- und Erlösungsfantasien knüpfen

Autorinnen: Frederike Hampel, Heike Henninger

Das Abenteuer in der Literatur (Seite 2/2)

an alte Wünsche an, wie sie zum Beispiel in der → Bibel, in → Utopien […] oder Robinsonaden formuliert worden waren. […]
Im 20. Jahrhundert gibt es Abenteuerliteratur in unübersehbarer Fülle und Vielfalt, die in Heftchen oder billigen Taschenbuchserien millionenfach verbreitet wird. Die neuen Helden treten jetzt zwar in anderer Umgebung (z.B. im Weltraum) auf und bedienen sich bei der Abwehr von Gefahren anderer Mittel (z.B. der Laserkanone), die Strukturen der Abenteuerliteratur aber bleiben erhalten, wenn sich auch die in ihr ausgedrückten Wünsche und Fantasien verändern.

Aus: Heiner Boehncke, Bernd Kuhne, Solveig Ockenfuß: Jugendlexikon Literatur. Epochen, Gattungen, Grundbegriffe. Reinbek bei Hamburg: Rowohlt Taschenbuch Verlag 1989, S. 9–11.

2 Formuliere mit eigenen Worten, was ein Abenteuerroman ist.
– Nenne aktuelle Beispiele für Abenteuerromane.

____
____
____
____
____
____
____
____

3 Ist der Roman „Tschick“ ein Abenteuerroman? Begründe deine Meinung und finde geeignete Textbelege.

____
____
____
____
____
____
____
____

4 Informiere dich über die Abenteuerromane „Robinson Crusoe“ und „Die Abenteuer und Fahrten des Huckleberry Finn“. Gestalte ein Informationsblatt zu den Romanen und den Autoren.

Autorinnen: Frederike Hampel, Heike Henninger

Vom Roadmovie zur Roadnovel (Seite 1/2)

1 Lest die beiden Textausschnitte zur Gattung des Roadmovies und sprecht mit einer Partnerin oder einem Partner über folgende Fragen:
- Welche Merkmale kennzeichnen das Genre des Roadmovies?
- Welche Merkmale finden sich in Wolfgang Herrndorfs Roman „Tschick", der Roadnovel (= Roadmovie in Buchform)?

Nobert Grob/Thomas Klein: Das wahre Leben ist anderswo ... Roadmovies als Genre des Aufbruchs (Ausschnitt)

[...] Das Genre ist allerdings nicht zu reduzieren auf Alltagsdramen [...]. Es differenziert sich in mehrere Subgenres. Im Grunde bilden Roadmovies ein Patchwork-Genre, das Einflüsse aus den unterschiedlichsten Formen, Gattungen, Mustern und Stilen aufsaugt und in den einzelnen Filmen neu formt. [...] Allen gemeinsam: der Wille zum Aufbruch, um Äußeres neu wahrzunehmen, auf dass sich auch Inneres verändert.
Diese Facetten des Genres sind – selbstverständlich – noch weiter zu nuancieren. Sie wären zu erweitern durch Motive des Handelns und durch eine nähere Bestimmung der Landschaft, ihrer Schauwerte wie ihrer Funktionen. Nach Amelie Soyka etwa wird die Straße im Roadmovie zu einer neuen *frontier,* die im individuellen Abenteuer, ständig unterwegs zu sein, Räume zur Flucht aus der Gesellschaft, auch zur Suche nach anderen Lebensvorstellungen (und zur Hinwendung zum Selbst) bietet. Sinnvoll wäre wohl auch, noch präziser zu fassen, welche Form der Reise in den Roadmovies vorherrscht, also zu differenzieren, dass es beim Unterwegs-Sein weniger darum geht, ein Ziel zu erreichen, als vielmehr um „traveling for traveling's sake."
[...] Timothy Corrigan weist zudem darauf hin, dass im Roadmovie (als Nachkriegsphänomen) der Zusammenbruch der Familie durch die Destabilisierung des männlichen Subjekts ein wichtiges Kennzeichen ist, viele Filme sich auf diese Krise der männlichen Hauptfigur konzentrieren, was die tendenzielle Randständigkeit von Frauenfiguren erklärt. [...]
Nicht zu unterschätzen ist schließlich die Bedeutung von Musik und Soundtrack, die das Roadmovie als filmischen Entwurf der *counter culture* koppeln an das wichtigste Ausdrucksmittel jener Zeit: die Rockmusik.

nuancieren: in seinen feinen Unterschieden erfassen; *frontier:* Grenzland; *counter culture:* Gegenkultur

Aus: Road Movies. Hrsg. v. Norbert Grob/Thomas Klein. Mainz: Ventil Verlag 2006, S. 8–20.

Skadi Loist: Roadmovie (Ausschnitt)

Spätestens seit *Easy Rider* ist die typische Handlungsformel des Roadmovies: zwei (oder mehr) Personen durchqueren motorisiert auf den endlosen Landstraßen und Highways z.B. Nordamerikas weite Landschaften und sind dabei auf der Suche nach Freiheit und/oder der eigenen Identität.
Die Unterscheidung der Fahrzeuge, die Gründe der Reise sowie narrative Elemente spezifizieren dabei das jeweilige Roadmovie und bilden eigene Untergruppen bzw. Subgenres. Zu den Subgenres des Roadmovies zählen z.B.: Motorradfilme/Bikerfilme [...], Rennsportfilme [...], Truckerfilme [...], Gangster- oder Endzeit-Roadmovies [...].
Die konstituierenden Elemente des Roadmovie-Genres lassen sich detailliert anhand von Merkmalen wie Fahrzeug, Bewegung, Geografie, Personal, innere Reise, Ästhetik und Musik beschreiben.

narrativ: erzählend; *konstituieren:* beschließen, festsetzen

Aus: Skadi Loist: Roadmovie. In: Filmwissenschaftliche Genreanalyse. Eine Einführung. Hrsg. v. M. Kuhn, I. Scheidgen, N. V. Weber. Berlin/Boston: Walter de Gruyter 2013, S. 273.

Autorinnen: Frederike Hampel, Heike Henninger

Vom Roadmovie zur Roadnovel (Seite 2/2)

2 Haltet die wichtigsten Ergebnisse in der folgenden Tabelle fest.

Merkmale von Roadmovies	Entsprechungen in „Tschick“

3 Erstellt ein Informationsplakat zum Thema „Roadmovie/Roadnovel“.
- Findet euch in Gruppen zusammen.
- Einigt euch auf die wichtigsten Informationen, die auf dem Plakat zu finden sein sollen.
- Überlegt euch, wie ihr es aufbauen und gestalten möchtet.
- Berücksichtigt auch Bildmaterial: Erfahrungsgemäß braucht ein gutes Plakat einen Blickfänger, der die Aufmerksamkeit der Betrachter auf sich zieht (Foto aus einem Film, selbst gezeichnete Bilder …).
- Vergesst die Überschrift nicht.

Autorinnen: Frederike Hampel, Heike Henninger

Tschick und Maik – eine besondere Freundschaft (Seite 1/1)

1 Lies Kapitel 34. Der Autor wählt bewusst eine Bergwanderung für die Freundschaftsdarstellung aus.
- Nenne mögliche Gründe für diese Ortswahl.
- Finde die Funktion der Bergbesteigung heraus.

2 Erörtere die Bedeutung der Szene für den weiteren Handlungsverlauf.
- Gestalte für eine Figur einen inneren Monolog während des Talabstieges.

3 Die Bergwanderung ist nur eine der wichtigen Stationen auf Maiks und Tschicks Reise.
- Findet euch in Gruppen zusammen.
- Erstellt eine Stationsübersicht (Ort/Raum/Erlebnisse) der gesamten Reise.
- Ergänzt die Übersicht mit aussagekräftigen Textauszügen zu ihrer Freundschaft.

4 Nehmt euch ein A3-Plakat. Entwickelt ein Kurvendiagramm zu den Stationen der Reise.

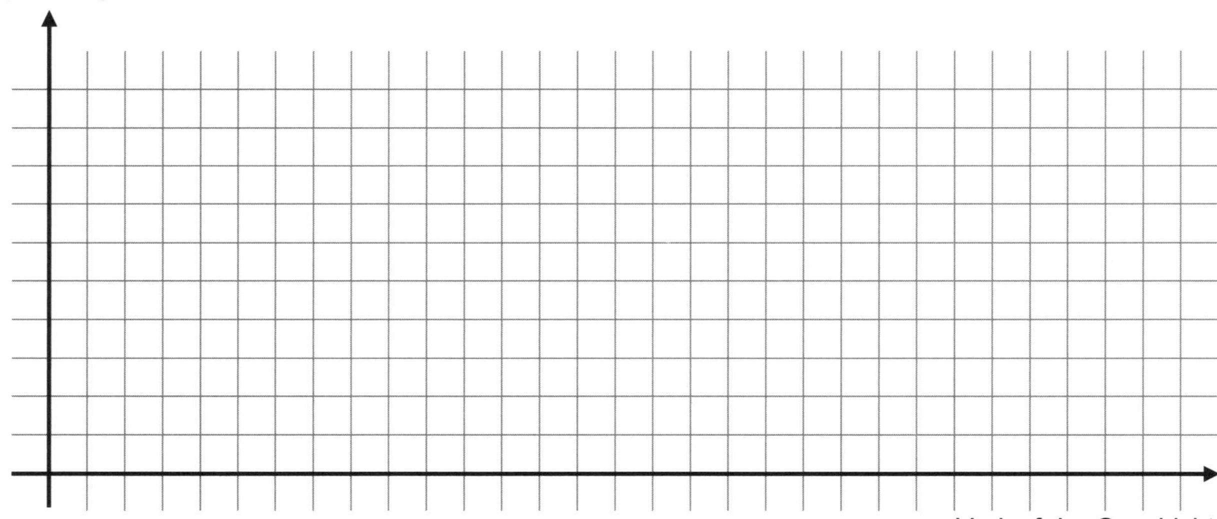

Autorinnen: Frederike Hampel, Heike Henninger

Maik und die Liebe (Seite 1/1)

1 Tatjana und Isa beeindrucken Maik auf ganz verschiedene Art und Weise.
Gestaltet eine Begegnung als Standbild:
- Bildet Dreiergruppen.
- Sucht nach einer geeigneten Textstelle, in der sich Maik Tatjana oder Isa annähert.
- Gestaltet die erste Annäherung der beiden als Standbild.
- Vergleicht und besprecht eure Standbilder in der Klasse.

Ein Standbild bauen

1. Bestimmt Standbildbauer und die beiden Figuren.
2. Der Standbildbauer formt die Figuren, ohne dabei zu sprechen. Wenn er/sie mit der Haltung der Figuren zufrieden ist, frieren die Figuren in dieser Haltung ein.
3. Wertet das Standbild aus: Wie wirkt die Beziehung der Figuren auf die Beobachter? Wodurch wird diese Wirkung erreicht?
4. Die Beobachter können das Standbild verändern, bis die Figurenbeziehung am treffendsten dargestellt ist.

2 Zwischen den folgenden Zitaten Maiks liegt eine lange Geschichte.
- Untersuche mit einer Partnerin oder einem Partner, wie sich Maiks Verhältnis zu den Mädchen entwickelt.
- Wählt geeignete kurze Textausschnitte aus, die zwischen den Zitaten liegen und die dieses Verhältnis belegen.

Wolfgang Herrndorf: Tschick (Ausschnitt)

„Ich bin nicht wahnsinnig gut im Kennenlernen. Und das war auch nie das ganz große Problem für mich. Bis Tatjana Cosic kam. Oder bis ich sie bemerkte. Denn natürlich war Tatjana schon immer in meiner Klasse. Aber bemerkt habe ich sie erst in der Siebten. Warum, weiß ich nicht. Aber in der Siebten hatte ich sie auf einmal voll auf dem Schirm, da fing das ganze Elend an."

Aus: Wolfgang Herrndorf: Tschick. Berlin: Rowohlt 2010, S. 23.

S. 39: Als die Matte mich wieder hochdrückte, war mein erster Blick zu Tatjana …

S. ______

S. ______

S. ______

Wolfgang Herrndorf: Tschick (Ausschnitt)

„‚Du bist also verliebt, ja? Und ist das Mädchen – sie auch in dich?' Ich schüttelte den Kopf (für Tatjana) und zuckte die Schultern (für Isa)."

Aus: Wolfgang Herrndorf: Tschick. Berlin: Rowohlt 2010, S. 251.

3 Visualisiert eure Ergebnisse kreativ, z.B. als Plakat, als Dialog, als Lesung, ...

Autorinnen: Frederike Hampel, Heike Henninger

Tschick und die Liebe (Seite 1/1)

1 Lies Kapitel 16. Wie werden Tschicks und Maiks Einstellung zu Mädchen und zur Homosexualität dargestellt?
– Fasse die wichtigsten Aussagen mit Seitenangaben in einer Tabelle zusammen:

Meinung zu …	Maik	Tschick
Mädchen		
Homo-sexualität		

2 Lies Kapitel 41. Finde die Textstelle, in der Maik Tschicks Outing knapp zusammenfasst.
Tipp: Sie beginnt mit Tschicks Worten: „Weil, soll ich dir auch noch ein Geheimnis verraten?“
– Überlege, wieso Tschick seine Homosexualität geheim gehalten hat.
– Halte deine Ergebnisse in Stichwörtern fest.

3 Interpretiere Maiks Aussage: „[…] und ich dachte einen Moment darüber nach, auch schwul zu werden. Das wäre jetzt wirklich die Lösung aller Probleme gewesen, aber ich schaffte es nicht.“ (Kap. 41, S. 214)

Autorinnen: Frederike Hampel, Heike Henninger

Maik, Tschick, Isa und die anderen … (Seite 1/1)

1 Lies Kapitel 45 bis 49. Stelle gemeinsam mit einer Partnerin oder einem Partner die Figurenkonstellation der auftretenden Personen grafisch dar. Setzt sie zu Maik und Tschick ins Verhältnis.

2 Beschreibe in einem kurzen Text eine Situation in der Zukunft.
– Wähle eine der folgenden Möglichkeiten.

Das Treffen von Maik und Isa in Berlin

Das Wiedersehen von Tschick und Maik im Heim

Das Treffen der drei Freunde in 50 Jahren auf dem Berg

3 Lest euch eure Texte gegenseitig vor.

Autorinnen: Frederike Hampel, Heike Henninger

Jugendsprache untersuchen (Seite 1/3)

1 Lest das folgende Zitat und besprecht, warum es Maik leichter fällt, sich mit Hanna zu unterhalten.
– Diskutiert, was Maik unter „Erwachsenenunterhaltungen" versteht.

Wolfgang Herrndorf: Tschick (Ausschnitt)

„Richtige Erwachsenenunterhaltungen. Mit Frauen wie Hanna ist es immer unfassbar viel leichter, sich zu unterhalten, als mit Mädchen in meinem Alter. Falls mir jemand erklären kann, warum das so ist, kann er mich übrigens gerne anrufen, weil, ich kann es mir nämlich nicht erklären."

Aus: Wolfgang Herrndorf: Tschick. Berlin: Rowohlt 2010, S. 16.

2 Beschreibt die Sprache im Roman „Tschick". Beantwortet dazu gemeinsam mit einer Partnerin oder einem Partner die folgenden Fragen in Stichwörtern.

– Entspricht die Sprache eher der Standardsprache oder der Jugendsprache?

____

____

____

– Was unterscheidet diese Sprachstile voneinander?

____

____

____

– Welche Funktion hat die Jugendsprache für die Heranwachsenden?

____

____

____

____

– In welcher Situation verwendet ihr die Jugendsprache?

____

____

____

____

3 Tauscht euch über eure Ergebnisse aus.

Autorinnen: Frederike Hampel, Heike Henninger

Jugendsprache untersuchen (Seite 2/3)

4 Umkreise den Buchstaben für die richtige Antwort. Die Buchstaben ergeben das Lösungswort.

Unter dem Begriff Jugendsprache versteht man:
Y) die Zusammenfassung verschiedener Sprechstile, mit denen Jugendliche kommunizieren
F) alle Varietäten einer Sprache

Eine einheitliche Jugendsprache:
A) gibt es
O) gibt es nicht

Die Sprechweise ist gebunden an:
L) Alter, Lebensumstände, Gesprächssituation, Herkunft
I) eine geregelte Rechtschreibung und Grammatik

Wichtige Merkmale der Jugendsprache sind:
L) zahlreiche Einsatzmöglichkeiten, Allgemeinverbindlichkeit, normiert in einem Nachschlag- und Regelwerk
O) Vereinfachung, Direktheit, Spontanität, Kreativität

Lösungswort: ______ ______ ______ ______

5 Das Lösungswort ist eine jugendsprachliche Abkürzung, die für ein bestimmtes Lebensgefühl steht. Kennst du die Abkürzung?
- Wenn ja, dann erkläre sie in wenigen Sätzen so, dass ein Erwachsener sie versteht.
- Gehe auch darauf ein, welches Lebensgefühl damit verbunden ist.

____

____

____

____

____

6 Überprüfe, ob im Kapitel 20 dieses Lebensgefühl anhand der Jugendsprache ausgedrückt wird. Nenne Beispiele.

____

____

____

____

Autorinnen: Frederike Hampel, Heike Henninger

Jugendsprache untersuchen (Seite 3/3)

7 Der Roman „Tschick“ ist von einem Erwachsenen geschrieben worden und weist dennoch vorrangig jugendsprachliche Ausdrücke auf.
- Diskutiert, ob Wolfgang Herrndorf die Gratwanderung zwischen Anbiederung und Angemessenheit gelungen ist. Begründet eure Meinung mithilfe von Textbeispielen.

8 In der schriftlichen Jugendsprache werden viele Abkürzungen verwendet.
Welche kennzeichnet Maiks und Tschicks Reise am besten?

☐ TGIF [Thank God it's Friday]
☐ LOL [laughing out loud]
☐ YOLO [You only live once]
☐ swag (prahlen, protzen)
☐ eine andere, und zwar: ____________________

9 Recherchiere die Herkunft der Abkürzungen.
- Übersetze sie und schreibe eine kurze Erklärung.

Beispiel:

Swag: von englisch *to swagger* (prahlen, stolzieren) = eine lässige, charismatische, beneidenswerte Ausstrahlung; oft auch ironisch gebraucht; bekannt durch Moneyboys Song „Dreh den Swag auf“; 2011 zum Jugendwort des Jahres gewählt

TGIF: ____________________

____

LOL: ____________________

____

YOLO: ____________________

____

10 Kurzformen, die nur in der Schriftsprache verwendet werden, bezeichnet man als Abkürzungen. Werden Kurzformen auch gesprochen, handelt es sich um Kurzwörter.
Findet weitere Beispiele für die Tabelle.

Abkürzungen	Kurzwörter
DZ (Doppelzimmer)	Auto (Automobil)
GG (Grundgesetz)	TV (Television)

Autorinnen: Frederike Hampel, Heike Henninger

Sprachliche Mittel untersuchen (Seite 1/2)

1 Das Buch „Tschick" weist eine bildhafte Sprache und zahlreiche rhetorische Figuren auf, die du auch aus Gedichten und anderen Texten kennst. Aus ihnen ergeben sich vielfältige Deutungsmöglichkeiten.

- Nenne fünf auffällige sprachliche Mittel und belege sie mit Beispielen.
- Untersuche den Zusammenhang von Inhalt, Sprache und Form.

sprachliche Mittel	Erläuterungen	Beispiele aus „Tschick"
Symbole	*sind in einem Kulturkreis festgelegte bildliche Zeichen. Sie bestehen aus zwei Teilen:* *1. Bild* *2. Gedanke oder Aussage, die auf das Symbol verweist*	*Kap. 20: Kompass* *= Orientierung, Reise, (See-)Fahrt* …
veränderte Satzgliedfolge	*Umstellung bewirkt Betonung, Lenkung der Aufmerksamkeit auf das Wort am Satzanfang.*	…

Autorinnen: Frederike Hampel, Heike Henninger

Sprachliche Mittel untersuchen (Seite 2/2)

2 Lies die Textstelle auf S. 120–122, in der Tschick und Maik den Sternenhimmel betrachten. Suche in dieser Textstelle nach Hinweisen auf das Besondere ihrer Freundschaft.

3 Entscheide dich für eine der folgenden Deutungshypothesen. Begründe deine Meinung.

Die Insektengeschichte ist eine Metapher für:

☐ den Glauben an Überirdisches und Unendlichkeit

☐ den Glauben an die Freundschaft und das Leben

☐ die Fantasievorstellungen von jungen Menschen

☐ etwas anderes, und zwar: ______

Begründung: ______

4 Isa verabredet sich mit Maik unter der Weltzeituhr in Berlin. Finde mögliche Gründe für die Wahl dieses Ortes und sammle deine Ideen mithilfe einer Mindmap.

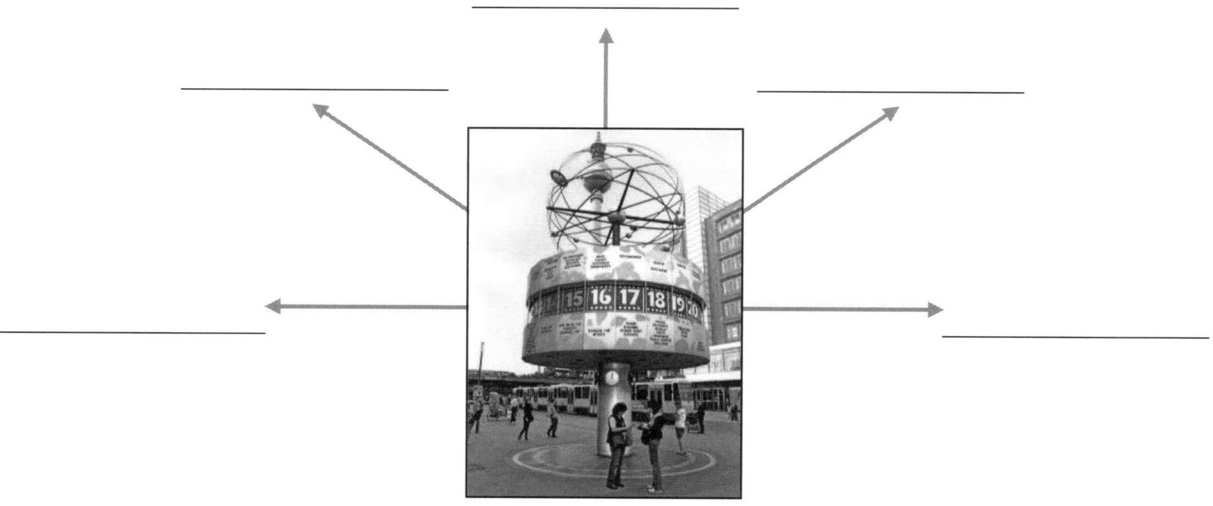

Quelle: Ullstein Bild GmbH (ullstein bild - Minehan), Berlin

Autorinnen: Frederike Hampel, Heike Henninger

Der Autor und seine Arbeitsweise (Seite 1/2)

1 Informiert euch über Wolfgang Herrndorf, den Autor von „Tschick", der 2013 im Alter von nur 48 Jahren verstorben ist.

– Recherchiert in Gruppen und wertet eure Ergebnisse in der Klasse aus.

2 Lest die Auszüge des folgenden Interviews.

Kathrin Passig im Gespräch: Wolfgang Herrndorf
Wann hat es „Tschick" gemacht, Herr Herrndorf? (Ausschnitt)

Dann sprechen wir jetzt über „Tschick". Warum ein Jugendroman?

Ich habe um 2004 herum die Bücher meiner Kindheit und Jugend wieder gelesen, „Herr der Fliegen", „Huckleberry Finn", „Arthur Gordon Pym", „Pik reist nach Amerika" und so. Um herauszufinden, ob die wirklich so gut waren, wie ich sie in Erinnerung hatte, aber auch, um zu sehen, was ich mit zwölf eigentlich für ein Mensch war. Und dabei habe ich festgestellt, dass alle Lieblingsbücher drei Gemeinsamkeiten hatten: schnelle Eliminierung der erwachsenen Bezugspersonen, große Reise, großes Wasser. Ich habe überlegt, wie man diese drei Dinge in einem halbwegs realistischen Jugendroman unterbringen könnte. Mit dem Floß die Elbe runter schien mir lächerlich; in der Bundesrepublik des einundzwanzigsten Jahrhunderts als Ausreißer auf einem Schiff anheuern: Quark. Nur mit dem Auto fiel mir was ein. Zwei Jungs klauen ein Auto. Da fehlte zwar das Wasser, aber den Plot hatte ich in wenigen Minuten im Kopf zusammen.

Mit generationsspezifischen Ausdrücken und Angewohnheiten sind Sie dabei sparsam umgegangen. Trotzdem muss man ja herausfinden, was 1995 Geborene so mit ihrer Zeit und ihrem Geld anfangen. Sie sind Jahrgang 1965, woher wissen Sie das?

Ich weiß es nicht. Aber das kam mir gar nicht so problematisch vor, dass es sich um Jugendliche handelt – oder jedenfalls nicht problematischer als Handwerker, Ärzte oder Lokführer, wenn man die im Roman auftauchen oder sprechen lässt. Ich glaube nicht, dass Jugend ein spezielles Problem darstellt, auch wenn Scheitern da oft spektakulärer wirkt. Wobei ich mir nicht einbilde, es perfekt gemacht zu haben. Ich habe meinem Erzähler einfach zwei Wörter gegeben, die er endlos wiederholt, und den Rest über die Syntax geregelt. Wenn man erst anfängt, mit Slang um sich zu schmeißen, wird man doch schon im nächsten Jahr ausgelacht.

In Ihrem Blog heißt es: „Ich bin Schriftsteller, und man wird nicht glauben, dass Literatur mich sonst kaltgelassen hätte. Aber was jetzt zurückkehrt beim Lesen, ist das Gefühl, das ich zuletzt in der Kindheit und Pubertät regelmäßig und danach nur noch sehr sporadisch und nur bei wenigen Büchern hatte: dass man teilhat an einem Dasein und an Menschen und am Bewusstsein von Menschen, an etwas, worüber man sonst im Leben etwas zu erfahren nicht viel Gelegenheit hat: dass es einen Unterschied gibt zwischen Kunst und Mist. Einen Unterschied zwischen dem existentiellen Trost einer großen Erzählung und dem Müll, von dem ich zuletzt eindeutig zu viel gelesen habe, eine Unterscheidung, die mir nie fremd war, aber lange verschüttet."
Was war der Müll, von dem Sie zu viel gelesen haben? Und wo ordnen Sie „Tschick" ein? Große Erzählung oder Mist?

Da können Sie nicht ernsthaft eine Antwort erwarten. Zum Müll: Ich kann mich zum Glück nicht an vieles erinnern. Ich lese auch nicht allzu viel Gegenwartsliteratur, aber ich bin der König des ersten Kapitels. Ich habe von fast allem, was rauskommt, mindestens das erste Kapitel gelesen. Oder eine Seite oder einen Absatz. Der Segen des Älterwerdens: Man braucht nur noch einen Absatz, um zu wissen, dass einen etwas nicht interessiert. […]

Autorinnen: Frederike Hampel, Heike Henninger

Der Autor und seine Arbeitsweise (Seite 2/2)

Der Kritiker Gustav Seibt hat „Tschick" in die Tradition der deutschen Romantik, Tieck, Eichendorff gestellt. „Tschick" als Buch der deutschen Romantik, geschrieben mit amerikanischen Mitteln. War das so beabsichtigt?

Ich weiß nicht, ob Seibt das so meint, aber das wäre ja generell erst mal nicht falsch. Nur dass man von „beabsichtigt" bei mir nicht wirklich sprechen kann. Ich denke mir beim Schreiben meist erst mal nicht viel außer „es sollte nicht langweilig sein", und wo das dann hinsteuert, kann einem bei einem Roadmovie ja auch angenehm egal sein … Ich merke gerade, dass ich mich in erzromantische Positionen verrenne.

In Wirklichkeit verlassen Sie Berlin doch nie. Was hat es mit den Landschaften auf sich, die Maik und Tschick durchreisen, wo gibt es diese Mondlandschaften? Wo die Berge, „ungeheuer hoch und mit Steinzacken obendrauf"?

Im Gegensatz zu meinen Helden bin ich nie in Ostdeutschland gewesen und habe die Reise nur mit Google Maps unternommen. Da kann man von oben nicht sehen, wie hoch die Berge sind. Aber ich war nie ein großer Freund der Recherche. Ich habe versucht, Gegenden zu beschreiben, wie Michael Sowa sie malt: Auf den ersten Blick denkt man, genauso sieht es aus in der Natur! Und wenn man genauer hinschaut, sind es vollkommen durchkonstruierte Sachen, die archetypischen Landschaften wie in idealen Tagträumen.
[…]

Aus: Kathrin Passig im Gespräch: Wolfgang Herrndorf: Wann hat es „Tschick" gemacht, Herr Herrndorf?
Frankfurter Allgemeine Zeitung, 31.01.2011.

3 Fasse kurz die Gründe zusammen, warum sich Wolfgang Herrndorf für ein Jugendbuch entschieden hat.

____

____

____

____

____

____

4 Was erfährst du über die Arbeitsweise von Wolfgang Herrndorf? Nenne Stichwörter.

____

____

____

____

____

____

Autorinnen: Frederike Hampel, Heike Henninger

Der Roman „Tschick" in der Buchkritik (Seite 1/2)

1 Lies die Begründung der Jury, die den Roman „Tschick" mit dem Deutschen Jugendliteraturpreis 2011 geehrt hat.

Jurybegründung, Deutscher Jugendliteraturpreis 2011

Es gibt sie tatsächlich: die sprichwörtliche Walachei. Dorthin unterwegs: zwei Jungs, beide aus verschiedenen Gründen Außenseiter, beide 14 Jahre alt. Tschick, eigentlich Andrej Tschichatschow: Ein russischer Migrant, klug, aber schweigsam im Unterricht, erscheint schon mal alkoholisiert in der Schule. Maik Klingenberg, kein Spitzname: Vater nahezu bankrotter Geschäftsmann mit Geliebter, Mutter zwischen Entzugsklinik und Tennisplatz lebend. Und hoffnungslos verliebt in Tatjana Cosic, die „super" aussieht und einen Meter 65 groß ist, wie Maik durch die Schuluntersuchung weiß.

Tschick und Maik schnappen sich eines Abends einen alten Lada und fahren los. Mit Tempo und Witz begleitet der Autor seine Figuren auf ihrer Reise durch die deutsche Provinz, ohne auch nur eine Sekunde aus den Augen zu verlieren, dass Tschick und Maik tatsächlich erst 14 sind. Seine scharfe Beobachtungsgabe, seine geistreichen Schilderungen von Menschen, Szenen und Begegnungen sowie sein Faible für skurrile Situationen übergibt Herrndorf dem Ich-Erzähler Maik, der im Rückblick von diesem Abenteuer berichtet.

Bei der erneuten Lektüre der Lieblingsbücher seiner Kindheit fielen Herrndorf deren Erfolgskriterien auf: Die Erwachsenen werden möglichst rasch aus der Geschichte verbannt, jugendliche Helden brechen zu einer großen Reise auf und die geht raus aufs Wasser. Das schien ihm, so Herrndorf während einer Lesung, „ein gutes Konzept für ein Jugendbuch zu sein". Und auch wenn das Wasser den Straßen Ostdeutschlands weichen musste und die Dampfer zu einem Lada wurden, ist das Konzept aufgegangen: Tom Sawyer alias Maik und Huckleberry Finn alias Tschick gehen auf große Fahrt. Sie sind aber eben erst 14 und das stellt sie immer wieder, wie beispielsweise vor einer Autobahnfahrt, vor die Frage: Wie kann man erwachsen wirken, falls ein vorbeirauschender Fahrer ins Wageninnere blickt? Ein Hitlerbärtchen? Das sollte, so denken die beiden, in Ostdeutschland kein Problem darstellen. Solche Formen bittersüßer Ironie beherrscht der Autor auf virtuose Weise.

Ebenso großartig wie Maik und Tschick sind die anderen Figuren dieses Roadmovies mit starken Charakteren ausgestattet. Man sieht sie wie im Kino lebendig vor sich, wie überhaupt der ganze Roman sehr filmisch erzählt ist: Horst Fricke, „der beste Schütze seiner Einheit", Isa, das schmutzige Mädchen, das so gut singen kann, die Sprachtherapeutin, die wie der Teufel Auto fährt, um Tschick ins Krankenhaus zu bringen, und sogar noch der vom nächtlichen Anruf Maiks aus dem Krankenhaus geweckte Mann, der nach kurzer Zeit versteht, welche Finte sich Maik für die Krankenschwester ersonnen hat, damit die nicht seine Eltern anruft. Von all diesen Begegnungen nehmen Maik und Tschick etwas mit. Ihr Erfahrungskoffer ist prall gefüllt, als ihre Reise jäh endet.

Tschick ist ein Abenteuer- und auch ein Bildungsroman, mit dem Herrndorf die Modernisierung seiner Kindheitslektüren perfekt gelungen ist. Das feine Gespür des Autors für jugendrelevante Themen, komische Dialoge, der jugendlich-authentische Erzählton und der bis zum filmreifen Finale konsequent durchgehaltene Spannungsbogen machen den Roman herausragend.

URL: http://www.djlp.jugendliteratur.org/jugendbuch-3/artikel-tschick-129.html, eingesehen am 15.03.2016.

Autorinnen: Frederike Hampel, Heike Henninger

Der Roman „Tschick“ in der Buchkritik (Seite 2/2)

2 Beantworte die folgenden Fragen in knappen Sätzen.

– Welche Inhaltspunkte werden von der Jury benannt?

– Welche Figuren werden erwähnt?

– Welche Aussagen werden zur Gestaltung (Stil, Sprache, Zielgruppe, ...) des Romans gemacht?

– Was erfährst du über den Autor Wolfgang Herrndorf?

Autorinnen: Frederike Hampel, Heike Henninger

Eine Buchkritik schreiben (Seite 1/1)

1 Lies dir die Schritte zum Verfassen einer eigenen Buchkritik in der Box durch.

Eine Buchkritik schreiben

Buchkritiken bzw. Buchrezensionen sind subjektive, journalistische Texte, die meist aktuelle Bücher vorstellen und kritisch beurteilen. Sie dienen der Information und Meinungsbildung.

Inhalt und Aufbau:

- Informiert euch über den Titel, den Autor und das Genre (z.B. Krimi, Sachbuch, Abenteuerroman, …).
- Fasst kurz den Inhalt des Buches zusammen. Geht auf das Thema und die Problemstellung ein. Aber Achtung: Verratet nicht zu viel, vielleicht will der Adressat das Buch selbst lesen.
- Beschreibt und charakterisiert kurz die Hauptpersonen.
- Bewertet die sprachlichen Mittel in ihrer Funktion und Wirkung, die Darstellung der Handlung und der Figuren sowie die Bedeutung des Buches.
- Formuliert ein Gesamturteil (persönliche Bewertung).

Gestaltung:

- Überlegt, wer der Adressat der Rezension ist. Das Ziel der Buchkritik bestimmt den Inhalt, den Aufbau und die Gestaltung des Textes.
- Verwendet eine treffende Überschrift.
- Verfasst eine interessante Einleitung (z.B. ein Zitat, eine Detailbeschreibung, eine prägnante Aussage zum Buch, …).
- Schreibt unterhaltsam und anschaulich.
- Ihr könnt Zwischenüberschriften einfügen.

2 Schreibe eine eigene Kurzrezension zu dem Roman „Tschick“.
- Mache dir zuvor Stichpunkte zum Aufbau. Du kannst dich an dem Text auf S. 31 orientieren.

____

____

____

____

____

____

____

____

3 Lest eure Rezensionen in der Klasse vor und tauscht euch über eure Arbeiten aus. Was hat euch gefallen? Was könnte man besser machen?

Autorinnen: Frederike Hampel, Heike Henninger

Was ist Freundschaft? – Eine Annäherung (Seite 1/1)

1 Der Duden beschreibt die Freundschaft als „ein auf gegenseitiger Zuneigung beruhendes Verhältnis von Menschen zueinander“. Sie ist ein wichtiges und populäres Thema in Literatur, Musik, Filmen, Theaterstücken und vielem mehr. Was bedeutet Freundschaft für dich?

– Erstelle ein Akrostichon.

F ______________________

R ______________________

E ______________________

U ______________________

N ______________________

D ______________________

S ______________________

C ______________________

H ______________________

A ______________________

F ______________________

T ______________________

2 Fertige eine Collage aus Fotos und Bildern zu dem Begriff der Freundschaft.

Autorinnen: Frederike Hampel, Heike Henninger

Freundschaft im Roman (Seite 1/1)

1 Lies die folgenden Textausschnitte aus dem ersten Kapitel des Werks „Die Abenteuer und Fahrten des Huckleberry Finn“ von Mark Twain.

– Finde Textstellen und/oder inhaltliche Punkte aus dem Roman „Tschick“, die ihnen ähneln.
– Begründe deine Wahl.

A: „Kennen tut ihr mich wohl noch nicht, muss mich also selbst vorstellen und noch ganz geschwind erzählen, was ich bis jetzt alles erlebt habe. Viel ist's freilich nicht, das weiß ich selbst, aber da mein guter Freund Tom Sawyer viel dabei vorkommt und Tom ein solcher Held und Hauptkerl ist, auf den ich furchtbar stolz bin, so denke ich, will ich's doch einmal probieren. Also ich bin der Huckleberry Finn, eigentlich immer kurzweg Huck genannt. Meine Mutter, wenn ich je eine hatte, habe ich nie gekannt und mein Vater ist seines Zeichens der Trunkenbold der Stadt, der eben Gott sei Dank viel auswärts ist, aber immer ab und an einmal auftaucht, wobei dann stets mein Rücken sein blaues Wunder erlebt. Jetzt ist er schon seit geraumer Weile verschwunden, aber das Geld, fürcht' ich, wird ihn bald herlocken, wie der Honig die Wespen.“ (S. 4)

B: „Plötzlich höre ich etwas unten im Garten unter den Bäumen, ein Rascheln und Knacken, ich sitze still, halte den Atem an und lausche. Wieder hör' ich's und dabei leise wie ein Hauch, das schwächste ‚Miau‘ einer Katze. ‚Miau, miau‘ tönt's kläglich und langgezogen. Und ‚miau, miau‘ antworte ich ebenso kläglich, ebenso leise, schlüpfe rasch in meine Kleider, lösche das Licht und steige aus dem Fenster auf das Schuppendach davor. Dann lasse ich mich zu Boden gleiten, krieche auf allen Vieren nach dem Schatten der Bäume und da war richtig und leibhaftig Tom Sawyer, mein alter Tom und wartete auf mich.“ (S. 9)

C: „Dann sagte Tom, er habe nicht Lichter genug und er wolle sich in der Küche ein paar mitnehmen. Das wollte ich auch nicht erlauben aus Angst vor Jim, aber Tom ließ sich nicht halten, und so schlichen wir uns in die Küche, fanden die Lichter und Tom legte fünf Cents zur Bezahlung auf den Tisch.“ (S. 10)

D: „Endlich kam Tom und nun rannten wir eilig den Pfad hinunter und kletterten den steilen Hügel hinter dem Hause hinauf. […] Tom und ich standen endlich ganz oben auf dem Hügel und konnten gerade ins Dorf hinuntersehen und da blinkten noch drei oder vier Lichter, wahrscheinlich bei Kranken oder dergleichen. Und die Sterne über uns blitzten nur so und drunten zog der Strom dahin, so breit, so breit und ohne Laut und furchtbar großartig.“ (S. 10)

E: „So vergingen drei oder vier Monate und wir waren nun mitten im Winter drin. Ich ging fleißig zur Schule, konnte buchstabieren, lesen, schreiben, das Einmaleins hersagen bis zu sechs mal sieben ist fünfunddreißig, weiter kam ich nicht und wäre auch wohl nie weiter gekommen und wenn ich hundert Jahre dran gelernt hätte – ich habe einmal kein Talent zur Mathematik.“ (S. 23)

F: „Erst verabscheute ich die Schule, dann gewöhnte ich mich allmählich daran. Strengte sie mich einmal übermäßig an, so schwänzte ich einen Tag und die Tracht, die ich dafür andern Tags bekam, tat mir gut und frischte mich auf. Je länger ich hinging, desto leichter wurde mir's.“ (S. 24)

Aus: Mark Twain: Die Abenteuer und Fahrten des Huckleberry Finn. Stuttgart: Verlag von Robert Lutz 1892. S. 4, 9, 10, 23, 24.

Autorinnen: Frederike Hampel, Heike Henninger

Freundschaft im Film (Seite 1/1)

1 Seht euch die Trailer zu den Filmen „Ziemlich beste Freunde“ und „Tom Sawyer“ an. Beschreibt euren ersten Eindruck.

2 Informiert euch über die Filminhalte. Nutzt hierfür das Internet.
Tipp: Veranstaltet mit euren Freunden einen Filmabend zum Thema „Freundschaft“ und seht euch die Filme gemeinsam an. Ihr könnt auch selbst einen Film zum Thema auswählen.

– Erstellt stichpunktartig eine Übersicht wie folgt:

Film	Inhalt	Charakterisierung der beiden Freunde	Besonderheiten der Freundschaft	Parallelen zu „Tschick“
Ziemlich beste Freunde				
Tom Sawyer				

Autorinnen: Frederike Hampel, Heike Henninger

Freundschaft im Comic (Seite 1/1)

1 Wähle eine kurze Szene aus „Tschick" und stelle sie als Comic dar.

2 Stellt eure Comicszene der Klasse vor.

– Diskutiert die Unterschiede zwischen Buch und Comic. Kann ein Comiczeichner den Inhalt einer Geschichte genauso gut erzählen wie ein Buchautor? Worin liegen die Vor- und Nachteile der Darstellungsweise? Haltet eure Ergebnisse in einer Tabelle fest.

	Buch	**Comic**
Vorteile		
Nachteile		

Autorinnen: Frederike Hampel, Heike Henninger

Freundschaft in der Lyrik (Seite 1/1)

1 Lies die Gedichte zum Thema „Freundschaft“.
- Beschreibe, wie die Freundschaft vom jeweiligen Verfasser dargestellt wird.
- Welches Gedicht beschreibt deiner Meinung nach am besten die Freundschaft zwischen Maik und Tschick? Begründe deine Meinung.

Novalis: An Adolph Selmnitz (1794)

Was passt, das muss sich ründen,
Was sich versteht, sich finden,
Was gut ist, sich verbinden,
Was liebt, zusammen sein.
Was hindert, muss entweichen,
Was krumm ist, muss sich gleichen,
Was fern ist, sich erreichen,
Was keimt, das muss gedeihn.

Gib traulich mir die Hände,
Sei Bruder mir, und wende
Den Blick von Deinem Ende
Nicht wieder weg von mir.
Ein Tempel, wo wir knien –
Ein Ort – wohin wir ziehen
Ein Glück – für das wir glühen
Ein Himmel – mir und dir.

Novalis (Friedrich Freiherr von Hardenberg), 1772–1801
Quelle: iStockphoto (hrstklnkr), Calgary, Alberta

Aus: Novalis: Gedichte / Die Lehrlinge zu Sais. Stuttgart: Philipp Reclam jun.1997, S. 39 f.

Conrad Ferdinand Meyer: Zwei Segel (1882)

Zwei Segel erhellend
Die tiefblaue Bucht!
Zwei Segel sich schwellend
Zu ruhiger Flucht!

Wie eins in den Winden
Sich wölbt und bewegt,
Wird auch das Empfinden
Des andern erregt.

Begehrt eins zu hasten,
Das andre geht schnell,
Verlangt eins zu rasten,
Ruht auch sein Gesell.

Aus: Conrad Ferdinand Meyer. Sämtliche Werke. Band 1: Gedichte. Hrsg. v. Hans Zeller und Alfred Zäch. Bern: Benteli 1963.

2 Verfasse ein eigenes Gedicht zum Thema „Freundschaft“.

3 Tragt eure Ergebnisse in der Klasse vor.

Autorinnen: Frederike Hampel, Heike Henninger

Eine Interpretation vorbereiten, planen, schreiben und überarbeiten (Seite 1/3)

1 Wähle einen der folgenden zwei Textausschnitte aus dem Roman „Tschick“.

- Gehe von der angegebenen Deutungshypothese aus. Erstelle und überprüfe eine eigene Deutungshypothese.
- Beziehe in die Deutung auch die angrenzenden Textstellen ein (Kapitel 6, S. 27–32; Kapitel 40, S. 206–210).
- Gehe insbesondere auf die sprachlichen Besonderheiten des Buches/des Kapitels ein (Umgangssprache, ausdrucksstarke Verben, rhetorische Figuren, …).

Zitat 1, Kapitel 6:

„Offensichtlich hatte ich einen riesigen Fehler gemacht. Ich wusste nicht, welchen. Aber es war Schürmann einfach anzusehen, dass ich mit dieser Geschichte einen absolut riesigen Fehler begangen hatte. Und dass er das für den peinlichsten Aufsatz der Weltgeschichte hielt, war auch irgendwie klar. Nur warum das so war, das wusste ich nicht, das hat er mir nicht verraten, und ich weiß es, ehrlich gesagt, bis heute nicht. Er hat nur immer wiederholt, dass es meine *Mutter* wäre [und] dieser Aufsatz wäre das Widerwärtigste und Ekelerregendste und Schamloseste, was ihm in fünfzehn Jahren Schuldienst untergekommen sei […].“

Aus: Wolfgang Herrndorf: Tschick. Berlin: Rowohlt 2010, S. 32.

Deutungshypothese: An der Reaktion des Lehrers zeigt sich, wie naiv Maik in der Darstellung seiner Mutter war. Er begreift den Lehrer nicht.

Zitat 2, Kapitel 40:

„Das hatten mir meine Eltern erzählt, das hatten mir meine Lehrer erzählt, und das Fernsehen erzählte es auch. […] Der Mensch ist schlecht. Und vielleicht stimmte das ja auch, und der Mensch war zu 99 Prozent schlecht. Aber das Seltsame war, dass Tschick und ich auf unserer Reise fast ausschließlich dem einen Prozent begegneten, das nicht schlecht war.“

Aus: Wolfgang Herrndorf: Tschick. Berlin: Rowohlt 2010, S. 209.

Deutungshypothese: Die Reise verändert Maiks Sicht auf seine Mitmenschen. Er begegnet verschiedenen Personen, die auf ihre Weise etwas Besonderes sind und die ihn bereichern.

Meine Deutungshypothese zu Zitat ______:

____

____

____

____

____

Autorinnen: Frederike Hampel, Heike Henninger

Eine Interpretation vorbereiten, planen, schreiben und überarbeiten (Seite 2/3)

2 Eine Interpretation ist die Deutung eines Textes. Ziel ist es, den Sinn des Textes zu erfassen und auszulegen. Hierfür wird die Wirkung von Inhalt und Form betrachtet. Um einen schriftlichen Text zu interpretieren, eignet sich folgende Vorgehensweise.

– Besprecht gemeinsam in der Klasse die einzelnen Schritte.

Vorbereiten und planen

1. Lest den Text(ausschnitt). Formuliert einen ersten Eindruck.
2. Fasst wichtige Schritte der inneren und äußeren Handlung zusammen.
3. Stellt eine Deutungshypothese auf.
4. Fertigt euch Notizen an zu den Besonderheiten der Form und sprachlichen Mittel in ihrer Funktion und Wirkung.
   Tipp: Erstellt eine Tabelle wie folgt:

Inhalt	Besonderheiten der Form und Sprache	Deutung
Kapitel 1, Seite 7–11 *Maik sitzt verletzt auf dem Polizeirevier, …*	*Ich-Form, unvermittelter Einstieg, Jugendsprache („gepisst“, „vollgeschifft“, „der Bringer“, …)*	*Maik ist missgelaunt, schämt sich, ist einer neuen Situation ausgesetzt und verängstigt, will stark sein, …*

5. Wählt einen oder mehrere Untersuchungsaspekte:
   z.B. Themen, Probleme, Handlungsverläufe, Konflikte, Verhaltensweisen, Figurenkonstellation, Erzählform/-perspektive/-verhalten, Gestaltung der Figuren, der Orte, der Zeit, auffällige sprachliche Mittel, …
6. Erweitert eure Untersuchungs- und Deutungsergebnisse und gliedert sie.
   Überprüft und überarbeitet im Anschluss eure Deutungshypothese.
7. Notiert in Stichpunkten eure Gedanken zu Einleitung und Schlussteil.
   Ihr könnt z.B. eine zusammenfassende Wertung abgeben, einen Vergleich zu anderen Texten ziehen oder die Deutungshypothese belegen, ändern, teilweise korrigieren, …

Meine Stichpunkte:

____

____

____

____

____

Autorinnen: Frederike Hampel, Heike Henninger

Eine Interpretation vorbereiten, planen, schreiben und überarbeiten (Seite 3/3)

3 Verfasse nun eine schriftliche Interpretation zu dem von dir gewählten Textausschnitt auf S. 39.
- Wähle geeignete Textbelege zur Unterstützung deiner Aussagen.

4 Berücksichtige dabei die folgenden Arbeitsschritte.

Schreiben

Eine schriftliche Interpretation verfassen

Einleitung:
- Wähle einen interessanten Einstieg, z.B. ein Zitat, einen Bezug zum aktuellen Zeitgeschehen, ...
- Nenne Textsorte, Autor, Titel und Thema des Buches.
- Führe zur Deutungshypothese hin.

Hauptteil:
- Fasse kurz den Inhalt der Textstelle zusammen und ordne ihn in den Zusammenhang des Buches ein.
- Lege die Ergebnisse deiner Untersuchung dar. Beschreibe und deute Inhalt, Form und Sprache.
- Wähle einen passenden Aufbau für den Hauptteil. Du kannst z.B.
  - dich am Handlungsverlauf orientieren.
  - den Problemgehalt analysieren: Ausgangslage, Konflikt, Lösung, ...
  - einen der Untersuchungsaspekte aus der Vorbereitungs- und Planungsphase heranziehen, erörtern, erläutern, ...
- Stütze deine Ergebnisse durch Textbelege.

Schluss:
- Setze den Schlussteil in Bezug zu der Einleitung.
- Überprüfe deine Deutungshypothese und ihren Beleg hinsichtlich einer nachvollziehbaren Argumentationsstruktur und ihrer Sinnhaftigkeit.
- Schreibe eine abschließende Wertung oder setze den Text mit anderen Schriften in einen Vergleich. Fasse die Gemeinsamkeiten und Unterschiede zusammen.

Überarbeiten

5 Lies deine Interpretation mehrmals. Überprüfe:
- Ist der Aufbau logisch und gut nachvollziehbar?
- Basieren deine Deutungen auf den Textbelegen, die du nennst?
- Ist deine Ausdrucksweise angemessen und sind Rechtschreibung sowie Grammatik korrekt?

Autorinnen: Frederike Hampel, Heike Henninger

Klassenarbeit (Seite 1/1)

1 Skizziere drei Reisestationen von Maik und Tschick. Gehe hierbei besonders auf die Bedeutung der Stationen für die Freundschaft ein. Erstelle eine Tabelle wie folgt:

Station	Bedeutung für die Freundschaft

2 Maik und Tschick begegnen auf der Reise Friedemann und seiner Familie. Wähle eine der folgenden Deutungen und begründe deine Wahl mit wenigen Sätzen.

Maik sieht in Friedemanns Familie

a) eine heile Familie, die sich von der Außenwelt fernhält
b) eine religiöse Sekte
c) eine Ansammlung von merkwürdigen Menschen
d) eigene Deutung: ____________________

____

Begründung: ____________________

____

____

____

____

3 Isa Schmidt ist eine wichtige Figur im Roman „Tschick".

– Kreuze an, ob die folgenden Aussagen richtig oder falsch sind.
– Korrigiere die falschen Aussagen.

Isa …	richtig	falsch
a) lernt Maik und Tschick auf einer Müllkippe kennen.		
b) riecht gut und benutzt keine Schimpfwörter.		
c) versteht sich mit Tschick sofort gut.		
d) möchte später Lehrerin werden.		
e) möchte Maik nie wiedersehen.		

4 Nimm Stellung zur Aussage: „Maik und Tschick sind und bleiben Außenseiter."

Autorinnen: Frederike Hampel, Heike Henninger

Klassenarbeit (Seite 1/1)

1 Stell dir vor, du bist Maik oder Tschick und befindest dich in einer Polizeibefragung nach dem Unfall.
- Stell dich in der Ich-Form vor und berichte den Beamten kurz und ehrlich, was du erlebt hast (max. 80 Wörter).

2 Erkläre, wieso „Tschick“ sowohl dem Abenteuerroman als auch dem Genre Roadnovel (= Roadmovie in Buchform) zuzuordnen ist.

3 Tatjana Cosic ist eine wichtige Nebenfigur im Roman „Tschick“.
- Kreuze an, ob die Aussagen richtig oder falsch sind.
- Korrigiere die falschen Aussagen.

Tatjana …	richtig	falsch
a) ist für Maik das schönste Mädchen der Welt.		
b) ist älter als Maik.		
c) hört am liebsten Heavy Metal.		
d) ist gut in Sport und Englisch.		
e) hat ausnahmslos alle aus der Klasse zu ihrem Geburtstag eingeladen.		
f) ist in Maik verliebt.		

4 Ordne die Personen den Aussprüchen im Buch zu.
- Verbinde sie mit Pfeilen.
- Wähle drei Aussagen und beschreibe die Situation, in der sie geäußert werden.
- Finde eine passende Überschrift.

Person	→	Aussage
Tschick		„Ich fahr weg. Auf die Beautyfarm.“
Maik		„Zieh deine geile Jacke an, nimm deine Zeichnung und schwing deinen Arsch ins Auto.“
Maiks Mutter		„Tschöck ond öch sönt möt döm Auto höromgöfohrön.“
Isa		„Alles sinnlos. Auch die Liebe. Carpe Diem.“
Friedemann		„Wir könnten ja auch erstmal küssen.“
Horst Fricke		„Wir kaufen nicht im Supermarkt.“
Wagenbach		„Ich hatte nie einen Spitznamen.“

5 Formuliere eine Deutungshypothese zum Ende des Romans (Poolszene).

____

____

____

____

Autorinnen: Frederike Hampel, Heike Henninger

Analyse und Interpretation

Wolfgang Herrndorf: Tschick

Zur Biografie von Wolfgang Herrndorf

Wolfgang Herrndorf wurde 1965 in Hamburg geboren. Nach dem Studium der Malerei in Nürnberg arbeitete er als Illustrator und Autor für mehrere Verlage und für die Satirezeitschrift „Titanic". Mit seinem 2002 veröffentlichten Debütroman „In Plüschgewittern" wurde er auch als Autor bekannt. Es folgten Kurzgeschichten und sein größter Erfolg „Tschick" im Jahre 2010. Für diesen Adoleszensroman erhielt er unter anderem 2011 den Deutschen Jugendliteraturpreis. Das Buch blieb über ein Jahr lang auf Platz eins der Bestsellerlisten und verdrängte 2014 die Klassiker von Goethe und Schiller in Bezug auf das am meisten gespielte Werk auf deutschen Bühnen. Ein weiterer Bucherfolg gelang Herrndorf mit seinem Krimi „Sand", den er 2012 veröffentlichte. Nachdem bereits 2010 bei Wolfgang Herrndorf ein Hirntumor diagnostiziert wurde, verarbeitete der Autor seine Krankheit in einem Internetblog. Dieser erschien in Buchform unter dem Titel „Arbeit und Struktur" posthum 2013. Wolfgang Herrndorf nahm sich 2013 in Berlin das Leben. Die Fortsetzung zu „Tschick" blieb unvollendet, erschien von ihm genehmigt aber ebenfalls posthum unter dem Titel „Bilder deiner großen Liebe". Im September 2016 kommt der Kinofilm „Tschick" unter der Regie von Fatih Akin in die Kinos.

Die Frankfurter Allgemeine Zeitung würdigte Herrndorf am 28.08.2013 und schrieb über seine Helden: „Alle Herrndorf-Helden sind unterwegs […] Äußerlich geben sie sich abgeklärt und sarkastisch, doch in ihnen brodelt, wie in ihrem Schöpfer, ein Zuviel an Empathie und Verbundenheit. Es ist diese Zartheit, die sich allein über den Ton vermittelt, die eine Kameradschaft, Zugehörigkeit, Identifikation erzeugt, der sich kein Leser entziehen kann und will. Freundschaft war eines seiner großen Themen."

Zum Inhalt von „Tschick"

Der 14-jährige Ich-Erzähler, Maik Klingenberg, lebt mit seinen Eltern in einer Villa in Marzahn. In der Schule ist er eher unauffällig, fast schon ein Außenseiter, unbeachtet von allen. Sein Vater ist ein erfolgloser Geschäftsmann mit Geliebter, der sich keine Zeit für den Sohn nimmt und diesen in den Sommerferien mit 200 € allein lässt, da die Mutter, eine Alkoholikerin, wieder einmal in die Entzugsklinik muss. Als zu Beginn der Ferien dann plötzlich Tschick, Andrej Tschichatschow, bei ihm auftaucht und ihn zu einer spontanen Autofahrt überredet, beginnt für beide ein großes Abenteuer. Tschick ist ein russischer Migrant. Er kommt aus einem schwierigen sozialen Umfeld, ist aber intelligent, sodass er es von der Förderschule aufs Gymnasium geschafft hat. Auch er wird in der Klasse nicht wahrgenommen. Da beide keine Einladung zur großen Geburtstagsparty von Tatjana, einer Mitschülerin, erhalten, Maik in dieses Mädchen aber verliebt ist und Tschick das bemerkt, beschließen sie, dort aufzutauchen und Maiks Geschenk zu überreichen. Unmittelbar danach begeben sie sich mit einem gestohlenen alten Lada auf eine Reise in die Walachei, ohne zu wissen, wo diese Gegend liegt, aus der Tschicks Verwandte stammen. Ihre Reise wird zu einem Abenteuer, aus dem sie als Freunde hervorgehen. Gemeinsam übernachten sie im Freien und philosophieren über den Sinn des Lebens, über außerirdisches Leben und die Freundschaft, begegnen in Friedemanns Familie sehr hilfsbereiten Menschen, die ihnen zeigen, was Familie auch bedeuten kann, und sind ständig auf der Hut, nicht entdeckt zu werden. Als sie für ihr Auto Benzin stehlen wollen, begegnen sie auf einer Müllhalde Isa, einem Mädchen, das alleine unterwegs ist. Sie freunden sich nach und nach mit ihr an. Maik verliebt sich in Isa und alle drei schwören sich Freundschaft, bevor Isa alleine weiterreist. Die beiden Jungen treffen in einem verlassenen Tagebaugebiet auf Horst Fricke, einen alten Mann, der sie erst mit dem Gewehr bedroht und ihnen dann vom Krieg und seiner großen Liebe erzählt. Auf der Flucht vor der Polizei überschlägt sich ihr Auto zwar mehrfach, aber sie bleiben unverletzt. Durch ein Missgeschick müssen sie dennoch ins Krankenhaus, aus dem sie aber schnell wieder fliehen und einen weiteren Autounfall haben. Maik wird von der Polizei verhört. Auf Tschick trifft er erst wieder bei der Gerichtsverhandlung. Dieser muss in ein Heim, Maik darf die Schule nach den Ferien wieder besuchen. Mit Beginn der 9. Klasse hat sich alles für ihn verändert, sein Verhältnis zu sich, zu den Mädchen und zu den Erwachsenen. Tatjana interessiert sich plötzlich für ihn und auch von Isa erhält er Post.

Figurenkonstellation

Im Zentrum des Romans stehen die Protagonisten Maik und Tschick, die diese Reise gemeinsam erleben. Zu ihnen gesellen sich die auf der Straße lebende Isa, in die sich Maik verliebt, und die Mitschülerin Tatjana, Maiks erste Liebe. Um diese jugendlichen Figuren herum sind die Erwachsenen im Roman angeordnet, die Eltern von Maik, die ihren Sohn vernachlässigen, ein Lehrer der Schule, Wagenbach, dessen schlechter Charakter unverändert bleibt. Tschicks Verwandte werden nur am Rande erwähnt, er ist allein mit einem Bruder, der im kriminellen Milieu verkehrt. Von den Eltern erfährt man nichts. Die Begegnungen auf der Reise mit der Familie Friedemanns als Gegenbild zu den zerrütteten Familien von Maik und Tschick und mit Horst Fricke, einem verbitterten alten Mann, ergänzen kontrastiv die Konstellationen zwischen den jugendlichen Hauptakteuren und den erwachsenen Nebenrollen.

Sprache und Stil

Wolfgang Herrndorfs Sprache ist gekennzeichnet durch eine große Nähe zu seinen Helden. Indem der Autor die Mündlichkeit der Jungen simuliert (komische Dialoge) und ihre Jugendsprache verwendet, ist man als Leser diesen Jungen stets sehr nah. Mit Witz, Ironie und Situationskomik gelingt ein fast filmisches Erzählen; einzelne Episoden werden metaphorisch beschrieben und „ausgemalt“.

Zeit- und Raumgestaltung

Die Roadnovel weist eine komplexe Struktur auf. Die Reise als Haupthandlung wird in einer Rückblende in den Kapiteln 9 - 44, der Binnenhandlung, erzählt.

Vorher erfährt der Leser bereits vom Autounfall, mit dem der Roman beginnt (Kapitel 1 - 4) und von Maiks Vorgeschichte bis zur Klasse 8 (Kapitel 5 - 8). Den Schluss bildet dann die unmittelbare Gegenwart als Rahmen der Geschichte, Maiks Schulbeginn in Klasse 9 (Kapitel 45 - 49). Es herrscht daher anachronisches Erzählen vor.

Räumlich begibt sich der Leser dem Genre entsprechend auf eine Reise durch das brandenburgische Ostdeutschland, kommt aber am Schluss wieder im Elternhaus von Maik an, wo die Reise begann.

Themen und Motive

Herrndorfs Themen im Roman kreisen um das Erwachsenwerden, die Freundschaft, die erste Liebe und um Fragen der Sexualität. Die Jugendlichen finden zu sich selbst bzw. sie beginnen den Weg des Ich-Werdens und entdecken dabei, wie wichtig Zusammenhalt und Vertrauen sind. Aus Außenseitern werden zwei lebenshungrige Jugendliche, die abenteuerlustig die Welt im Kleinen erkunden und dabei auch Fehler machen. Die Erwachsenenwelt im Roman kann als Kontrastwelt verstanden werden. Der Autor arbeitet mit dem großen Motiv der Reise und er symbolisiert unter anderem die Freundschaft in der Bergbesteigung. Als besonders anschaulicher Ausschnitt für die ganze Reise kann auch die „Sternenszene“ bezeichnet werden, in der die Frage nach dem Sinn des Lebens aus der Sicht der Protagonisten gestellt wird.

Kommentare und Lösungen

Modul 1: Zugänge

Intention	Das Modul dient nicht nur der Einstimmung auf den Lese- und Arbeitsprozess, sondern behandelt wichtige thematische Einflüsse und Untersuchungsaspekte des Buches „Tschick".
Zeitbedarf	1 Unterrichtsstunde (KV 1.1), 1 Unterrichtsstunde (KV 1.2)
Material	KV 1.1 (fakultativ), KV 1.2 (obligatorisch)
Didaktische Hinweise	Die Behandlung wichtiger thematischer Einflüsse und Untersuchungsaspekte des Buches sind in den folgenden Modulen 2 (Häusliche Lektürephase) und 3 (Überprüfung der Textkenntnisse) relevant und fließen in die Antworten mit ein.
Sozialform	Einzelarbeit/Unterrichtsgespräch
Zielvorstellungen/ Kompetenz-beschreibungen KV 1.1	Die Schülerinnen und Schüler erwerben und verfügen über folgende Kompetenzen. Sie - deuten einen Songtext. - formulieren eigene Vorstellungen vom Jungsein. - erstellen eine Übersicht.
Durchführung/ Unterrichtsschritte KV 1.1	1. Die Schülerinnen und Schüler hören das Lied und lesen den Liedtext. 2. Sie notieren spontan ihre ersten Eindrücke und diskutieren diese im Unterrichtsgespräch. 3. Die anschließende Thematisierung der Jugendphase erfolgt durch eine Bestandsaufnahme und Sammlung der Gedanken, Gefühle, Assoziationen und Medien, die die Schülerinnen und Schüler mit dem Gefühl des Jungseins verbinden. 4. Die Diskussionsergebnisse zum Thema „Jugend" werden zusammengetragen. 5. In der Auswertungsphase werden die Ergebnisse in Form eines Plakats, Tafelbilds o. Ä. gemeinsam schriftlich festgehalten.
Zielvorstellungen/ Kompetenz-beschreibungen KV 1.2	Die Schülerinnen und Schüler erwerben und verfügen über folgende Kompetenzen. Sie - formulieren eigene Erwartungen an den Inhalt. - untersuchen den Klappentext.
Durchführung/ Unterrichtsschritte KV 1.2	1. Die Schülerinnen und Schüler lesen den Klappentext und sammeln erste Informationen mithilfe einer Mindmap. 2. Nach der Lektüre des ersten Kapitels formulieren die Schülerinnen und Schüler erste Lese-eindrücke und entwickeln Ideen zum Buch.

Lösungen

Kopiervorlage 1.1 → S. 8

1.–5. Individuelle Schülerlösungen

Kopiervorlage 1.2 → S. 9

1.–3. Individuelle Schülerlösungen

Modul 2: Häusliche Lektürephase

Intention	Die Erarbeitung der Lektüre und der verschiedenen Untersuchungsaspekte erfolgt in Gruppenarbeit.
Zeitbedarf	ca. 14 Tage
Material	KV 2.1 (obligatorisch)
Didaktische Hinweise	In Gruppenarbeit sollen die wesentlichen Inhalte und Untersuchungsaspekte des Romans selbstständig erschlossen werden. Gruppe 1: Zahlreiche Aktualitäts- und Realitätsbezüge lassen das Buch „Tschick" sehr authentisch und realistisch wirken trotz der fiktiven Handlung. Hier werden Intertextualität und Medienverbund durch die Aufgaben vorbereitet. Gruppe 2: Die Antworten werden im Modul 6 (Sprachbetrachtung) noch einmal thematisiert. Gruppe 3: Die Konzentration auf wenige Personen ermöglicht eine detaillierte Figurencharakterisierung. Gruppe 4: Die besondere Erzählstruktur mit der doppelten Rahmung ist ein bedeutender Untersuchungsaspekt. Gruppe 5: Die Untersuchung der einzelnen Komplikationen hilft einerseits, das Buch sehr detailliert zu betrachten, andererseits, den Inhalt und die Tragweite der Handlung zu verstehen. Im Falle eines geringeren Zeitraums oder Leistungsvermögens sollte Maik im Zentrum der Betrachtung stehen. Die freiwilligen Zusatzaufgaben können als Hausaufgaben gegeben werden.
Sozialform	Einzelarbeit/Gruppenarbeit/Unterrichtsgespräch
Zielvorstellungen/ Kompetenz-beschreibungen KV 2.1	Die Schülerinnen und Schüler erwerben und verfügen über folgende Kompetenzen. Sie - bilden Gruppen und verteilen Leseaufträge. - entwickeln ein eigenes Textverständnis. - analysieren den Text nach gruppenspezifischen Untersuchungsfragen.
Durchführung/ Unterrichtsschritte KV 2.1	1. Die Schülerinnen und Schüler bilden Gruppen und verteilen Leseaufträge. 2. Notizen werden während des Lesens zunächst in Einzelarbeit gemacht. 3. In fünf Gruppen werden verschiedene Untersuchungsaspekte erarbeitet. 4. Die Auswertung der Arbeitsergebnisse erfolgt im Unterrichtsgespräch.

Lösungen

Kopiervorlage 2.1 → S. 10 ff.

Gruppe 1 A:

Kapitel/ Seite	Musiker, Bands	Filme/Regisseure/ Schauspieler	Autoren/ Bücher	PC-Spiele	andere berühmte Persönlichkeiten
Kap. 2, S. 12					Attila der Hunnenkönig
Kap. 3, S. 16		Mafiafilme Megan Fox			Michael Schumacher
Kap. 4, S. 19		Tatort			
Kap. 5, S. 22				GTA 4	
Kap. 6, S. 24			Wilhelm Bretfeld: Das Bumerang-Buch		
Kap. 12	Pink Beyoncé		David Hockney: Geheimes Wissen. Verlorene Techniken der Alten Meister wieder entdeckt von David Hockney		

Gruppe 1 B: In kurzen Sätzen können folgende Aspekte genannt werden: Glaubwürdigkeit, Wirklichkeitsbezug, verbessertes Verständnis und Vorstellungsvermögen, Identifikation mit den Figuren, Interessenweckung an anderen literarischen und künstlerischen Werken, Bildhaftigkeit, zeitliche und lokale Verortung, …

Gruppe 2 A: Merkmale Standardsprache: von der Entwicklung der Schriftsprache beeinflusst; überregionale Sprachform; an sprachlichen Standards (z. B. Rechtschreibregeln) orientiert; allgemein-verbindliche Sprache, kann in allen Lebensbereichen verwendet werden; bestimmt den öffentlichen Sprachgebrauch z.B. in Medien, Politik, Schule (Hochsprache)

Merkmale Jugendsprache: es gibt keine einheitliche Jugendsprache; ist gebunden an Alter, (regionale) Herkunft, Lebensumstände, Gesprächssituation; weicht von der Standardsprache (Hochsprache) ab; unter dem Begriff werden verschiedene Sprechstile zusammengefasst, die Jugendliche in der Kommunikation untereinander verwenden; gekennzeichnet durch: Vereinfachung, Direktheit, Kreativität

Gruppe 2 B: Individuelle Schülerlösungen

Gruppe 3 A – B: *Beispiel Maik:* 14 Jahre alt, geht in die 8. Klasse des Hagecius-Gymnasiums in Berlin, kein Spitzname außer zeitweise „Psycho", langweiliger (?) Außenseiter aus zerrüttetem Elternhaus, handwerklich begabt (schnitzt Bumerangs und zeichnet), mag Krankenhäuser und normale Unterwäsche, ist gut im Hochsprung, leidet unter dem Desinteresse der Mitschülerinnen, ironisch, aber nicht sehr selbstbewusst, beurteilt schnell andere Menschen z. B. aufgrund ihres Aussehens (Mitschüler, Tschick, Lehrer, …) und beleidigt sie in Gedanken, hat noch keine Liebeserfahrung, …

Gruppe 3 C: Individuelle Schülerlösungen

Gruppe 4 A: Individuelle Schülerlösungen

Gruppe 4 B:

scheinbare Gegenwart	Vorgeschichte	Haupthandlung	unmittelbare Gegenwart
Kapitel 1 – 4	**Kapitel 5 – 8**	**Kapitel 9 – 44**	**Kapitel 45 – 49**
- Polizeiverhör nach dem Unfall - KH-Aufenthalt	- Maik stellt sich und Werdegang nach Grundschule vor - Er verrät Verliebtsein in Tatjana - Erläutert Beziehung zu Eltern und Mitschülern	- Tschick kommt Ostern in Klasse 8 - Charakteristik Tschicks und dessen Verhalten in der Schule bis Sommerferien - Beginn Sommerferien - Tschick besucht Maik. - Tatjanas Geburtstag - Reisebeginn - Reisestationen bis zum Unfall (Beginn 2. Ferienwoche)	- Ferienende - Gerichtsverhandlung - Schulbeginn Klasse 9 - Tatjanas Annäherung - Isas Brief - Polizei sucht Tschick - Streit der Eltern - Frage der Mutter nach Glück - Poolszene

Gruppe 4 C: Individuelle Schülerlösungen

Gruppe 5 A – B: Fast alle Haupthandelnden befinden sich in einer schwierige Lage. *Beispiele:*

- Tschick ist homosexuell und lebt im Heim.
- Maik hat ein schwieriges Verhältnis zu Mädchen und zu seinen Eltern.
- Der Vater ist in finanziellen Schwierigkeiten, gewalttätig und untreu, schlägt Maik.
- Die Mutter kann sich nicht um ihren Sohn kümmern, ist Alkoholikerin, die Ehe nur noch ein Trugbild.
- Beispiele für teilweise gelöste Situationen: Der Vater schlägt Maik nach dessen Rückkehr weiterhin und zeigt kein Verständnis oder Zuneigung für seinen Sohn.
  Die Mutter erkennt die Weiterentwicklung ihres Sohnes an, die Poolszene deutet auf ein besseres Verhältnis hin. Dennoch ist sie weiterhin Alkoholikerin und das Elternhaus unverändert zerrüttet und nicht förderlich für Maik, der zwar gereift ist, aber dennoch der Sohn seiner nicht als Bezugspersonen oder Erziehungsinstanzen dienlichen Eltern. Durch Maiks innere Reifung kann er jedoch besser mit der Situation umgehen, sie reflektieren und sich positionieren.

Freiwillige Zusatzaufgaben: Individuelle Schülerlösungen

Modul 3: Überprüfung der Textkenntnisse

Intention	Die Schülerinnen und Schüler überprüfen ihre Textkenntnisse.
Zeitbedarf	1 Unterrichtsstunde (KV 3.1)
Material	KV 3.1 (fakultativ)
Didaktische Hinweise	Die Aufgaben dieses Moduls können auch als Wettbewerb innerhalb der Klasse durchgeführt werden.
Sozialform	Einzelarbeit
Zielvorstellungen/ Kompetenz-beschreibungen KV 3.1	Die Schülerinnen und Schüler erwerben und verfügen über folgende Kompetenzen. Sie - festigen und überprüfen ihre Textkenntnisse. - ordnen Textstellen bestimmten Figuren und Fragen zu. - untersuchen die Erzählweise.
Durchführung/ Unterrichtsschritte KV 3.1	1. Die Schüler lösen die Aufgaben. 2. Die Auswertung kann je nach Bedarf einzeln oder im Unterrichtsgespräch erfolgen.

Lösungen

Kopiervorlage 3.1 → S. 14

1. Lösungswort: TSCHICK

							(1)	T	A	T	J	A	N	A	
						(2)	I	S	A						
					(3)	T	S	C	H	I	C	K			
							(4)	H	O	R	S	T			
					(5)	F	R	I	E	D	E	M	A	N	N
(6)	W	A	G	E	N	B	A	C	H						
					M	A	I	K							

2.

„Sie ist einfach insgesamt super." (1)

+ das schönste Mädchen der Welt, 14 Jahre alt, 1,65 m groß, wohnt in einem weißen Mietshaus

„Das Einzige, was sie verriet, war, dass sie Schmidt hieß." (2)

+ riecht unangenehm, lebt auf der Straße, kann gut singen, …

„Keiner konnte ihn leiden." (3)

+ Asi, mittelgroß, billige Kleidung, schlitzförmige Augen, …

„Er redete nur noch von Mädeln und von Liebe…" (4)

+ alt, ehemaliger Kommunist, einsam, verbittert, …

„Es waren tolle, spinnerte Leute." (5)

+ Familie mit besonderer Lebensweise, Froschaugen, viele Kinder, …

„Er macht okayen Unterricht und ist wenigstens nicht dumm." (6)

+ Lehrer, autoritär, trägt schlechten Anzug, …

Kopiervorlage 3.1 → S. 15

3.

Frage	**Textbeleg**
Das Geschehen ☒ wird von einer Figur, die am Geschehen beteiligt ist, berichtet. ☐ wird dem Leser durch die Redewiedergabe ohne sichtbaren Erzähler unvermittelt vor Augen geführt.	*Kap. 1: „Maik Klingenberg, der Held. Dabei weiß ich gar nicht, warum jetzt die Aufregung. War doch die ganze Zeit klar, dass es so endet."* (S. 7)
Der Erzähler ist ☒ Maik Klingenberg ☐ Andrej Tschichatschow ☐ Isa ☐ keine der Figuren	*Kap. 5: „Mein Name ist Maik Klingenberg. Maik. Nicht Maiki, nicht Klinge und der ganze andere Quatsch auch nicht, immer nur Maik."* (S. 21)
Die Erzählperspektive ist ☐ die Außensicht ☒ überwiegend Außensicht, aber auch Innensicht ☐ die Innensicht	*Kap. 1: „Das Beste ist Klappe halten, hat Tschick gesagt. Und das sehe ich genauso. Jetzt, wo eh alles egal ist. Na ja, fast alles. Tatjana Cosic zum Beispiel ist mir natürlich nicht egal."* (S. 8)
Die Erzählform ist ☒ 1. Person Singular ☐ 2. Person Singular ☐ 3. Person Singular	*Kap. 1: „Als der Ältere 'vierzehn' gesagt hat, hab ich mir in die Hose gepisst. Ich habe die ganze Zeit schräg auf dem Hocker gehangen und mich nicht gerührt. Mir war schwindlig."* (S. 7)
Der Erzähler hat ☐ einen Überblick über das gesamte Geschehen und über das Innere der meisten Figuren. ☒ einen Überblick über die Sicht und das Innere nur einer Figur.	*Kap. 2: „Nur dass der Arzt so an meinen Füßen kratzt, ist nicht angenehm. Warum kratzt er denn so?"* (S. 13)
Die Erzählhaltung ist ☐ sachlich, erwachsen, trocken ☒ ironisch, humorvoll, kritisch ☐ flippig, blumig, beschönigend	*Kap. 2: „Woher weiß ich überhaupt, dass das ein Arzt ist? Er trägt einen weißen Kittel. Könnte also auch ein Bäcker sein. […] Was soll ein Bäcker mit dem Horchding, Brötchen abhorchen?"* (S. 12)
Die Rede- und Gedankenwiedergabe geschieht ☒ beschreibend ☐ direkt durch wörtliche Rede	*Kap. 1: „Als Erstes ist da der Geruch von Blut und Kaffee. Die Kaffeemaschine steht drüben auf dem Tisch, und das Blut ist in meinen Schuhen."* (S. 7)

Modul 4: Abenteuerroman – Roadmovie – Roadnovel

Intention	Das Modul dient dazu, sich genauer mit den Genres Abenteuerroman, Roadmovie und Roadnovel (der schriftlichen Form des Roadmovies) auseinanderzusetzen.
Zeitbedarf	1 Doppelstunde (KV 4.1), 1 Unterrichtsstunde (KV 4.2)
Material	KV 4.1 (obligatorisch), KV 4.2 (obligatorisch)
Didaktische Hinweise	Der Lexikonartikel in KV 4.1 benennt die wichtigsten Merkmale des Abenteuerromans, relevante Punkte zu der historischen Entwicklung seiner Popularität sowie diverse exemplarische Beispiele. Ergänzend kann auch KV 8.2 hinzugezogen werden, in der Textausschnitte aus Mark Twains „Die Abenteuer und Fahrten des Huckleberry Finn" mit dem Roman „Tschick" in Bezug gesetzt werden.
Sozialform	Einzelarbeit/Partnerarbeit/Gruppenarbeit/Unterrichtsgespräch
Zielvorstellungen/ Kompetenzbeschreibungen KV 4.1	Die Schülerinnen und Schüler erwerben und verfügen über folgende Kompetenzen. Sie - entnehmen gezielt Informationen aus einem Lexikonartikel. - lernen Merkmale von Abenteuerromanen kennen.
Durchführung/ Unterrichtsschritte KV 4.1	1. Die Schülerinnen und Schüler lesen den Artikel und markieren die Aussagen zu den Fragen. 2. Sie definieren den Begriff Abenteuerroman und nennen aktuelle Beispiele. 3. Sie diskutieren, ob „Tschick" ein Abenteuerroman ist, und begründen ihre Meinung. 4. Sie recherchieren zu zwei bekannten Texten aus dem 19. Jh. und gestalten dazu Informationsmaterial.
Zielvorstellungen/ Kompetenzbeschreibungen KV 4.2	Die Schülerinnen und Schüler erwerben und verfügen über folgende Kompetenzen. Sie - arbeiten die Merkmale eines Roadmovies heraus. - übertragen die Merkmale auf den Roman „Tschick".
Durchführung/ Unterrichtsschritte KV 4.2	1. Die Schülerinnen und Schüler lesen den Lexikonartikel und markieren die Aussagen zu den Fragen. 2. Sie besprechen ihre Ergebnisse in Partnerarbeit. 3. Die Ergebnisse werden in Partnerarbeit in einer Tabelle zusammengetragen. 4. Sie erstellen ein Informationsplakat.

Lösungen

Kopiervorlage 4.1 → S. 16 f.

1. Wirkungsabsichten: Z. 2 f.; Z. 10–13/ Merkmale: Z. 3–9 / Geschichte: Z. 14 ff.
2. Individuelle Schülerlösungen
3. „Tschick" ist ein Abenteuerroman. Gründe: Reise, Abenteuer zweier Jungen, im gestohlenen Auto unterwegs, sie benötigen Unterkunft und Benzin, fahren auf Autobahn, treffen auf schießenden Horst Fricke, …
4. Individuelle Schülerlösungen

Kopiervorlage 4.2 → S. 18 f.

1.–2.

Merkmale von Roadmovies	Entsprechungen in „Tschick"
nicht zu reduzieren auf Alltagsdramen	Maiks und Tschicks Reise ist zwar alltagsnah und durchwoben von Alltagsdramen, an sich jedoch nicht alltäglich.
Patchwork-Genre mit Einflüssen aus diversen Formen, Gattungen, Mustern und Stilen	Einflüsse des Abenteuer-, Reise-, Bildungs- und Jugendromans; Musik und Songtexte spielen eine große Rolle.
Wille zum Aufbruch, um Äußeres neu wahrzunehmen, auf dass sich auch Inneres verändert	Die Jugendlichen begeben sich auf eine Reise, lernen Neues, allem voran aber sich selbst neu und besser kennen. Die Reise in die Walachei wird zu einer Reise zum eigenen Selbst.
Reisen um des Reisens Willen, nicht, um ein Ziel zu erreichen	Das ursprüngliche Ziel Tschicks, die Walachei, spielt kaum eine Rolle und wird auch nie erreicht. Vor allem für Maik gibt es kein angestrebtes lokales Ziel.
Viele Filme konzentrieren sich auf die Krise der männlichen Hauptfigur.	Das Werk konzentriert sich allem voran auf Maiks krisenhafte Zustände in Familie, Schule und Identitätsfindung.
tendenzielle Randständigkeit von Frauenfiguren	Tatjana und Isa sind zwar für Maik und seine Entwicklung bedeutsam, aber im gesamten Geschehen nicht derart präsent wie die beiden Jungen. Ebenso verhält es sich mit anderen weiblichen Figuren.
große Bedeutung von (Rock-)Musik und Soundtrack	diverse musikalische Anspielungen, z.B. Pink, Beyoncé (Kap. 12), White Stripes (Kap. 15), Richard Clayderman (Kap. 20) oder Steppenwolf (Kap. 20)
Zwei (oder mehr) Personen sind motorisiert auf endlosen Landstraßen und Highways unterwegs auf der Suche nach Freiheit und/oder der eigenen Identität.	Maik und Tschick fahren mit einem Auto durch Deutschland, die Straßenwege und die Orientierungslosigkeit der beiden Jungen werden beschrieben. Grundthema: Identitätsfindung

3. Individuelle Schülerlösungen

Modul 5: Figurenkonstellationen untersuchen

Intention	Das Modul konzentriert sich auf die zentralen Figuren Tschick und Maik und ihre Beziehung zueinander bzw. ihre Beziehung zur Liebe.
Zeitbedarf	1 Doppelstunde (KV 5.1), 1 Doppelstunde (KV 5.2), 1 Unterrichtsstunde (KV 5.3), 1 Unterrichtsstunde (KV 5.4)
Material	KV 5.1 (obligatorisch), KV 5.2 (obligatorisch), KV 5.3 (obligatorisch), KV 5.4 (obligatorisch)
Didaktische Hinweise	Eine Fokussierung auf die Personenkonstellation von Maik und Tschick erscheint hier aufgrund der Komplexität der zahlreichen Nebenfiguren sinnvoll, es können aber auch noch weitere Personen hinzugezogen werden.
Sozialform	Einzelarbeit/Partnerarbeit/Gruppenarbeit/Unterrichtsgespräch
Zielvorstellungen/ Kompetenzbeschreibungen KV 5.1	Die Schülerinnen und Schüler erwerben und verfügen über folgende Kompetenzen. Sie – deuten Textstellen und finden Textbelege. – verfassen einen inneren Monolog. – visualisieren die Entwicklung der Freundschaft grafisch.
Durchführung/ Unterrichtsschritte KV 5.1	1. Die Schülerinnen und Schüler lesen Kapitel 34. Im Unterrichtsgespräch werden Gründe für die Ortswahl bzw. die Bergbesteigung gemeinsam gesammelt und deren Funktion untersucht. 2. In Einzelarbeit schreiben sie einen inneren Monolog, in den sie die Ergebnisse aus Aufgabe 1 miteinbeziehen können. 3. In Gruppenarbeit wird eine Stationsübersicht der gesamten Reise erstellt und mit Textbelegen ergänzt. 4. Abschließend kann die Entwicklung eines Kurvendiagramms zu den Stationen der Reise in Gruppenarbeit oder im Unterrichtsgespräch die Ergebnisse visualisieren.
Zielvorstellungen/ Kompetenzbeschreibungen KV 5.2	Die Schülerinnen und Schüler erwerben und verfügen über folgende Kompetenzen: Sie – setzen eine Textstelle in ein Standbild um. – interpretieren Textstellen. – visualisieren ihre Ergebnisse als Plakat, Dialog, …
Durchführung/ Unterrichtsschritte KV 5.2	1. Die Schülerinnen und Schüler bilden Dreiergruppen, wählen eine geeignete Textstelle und setzen diese in einem Standbild um. 2. Die Auswertung der Standbilder findet im Unterrichtsgespräch statt. 3. In Partnerarbeit untersuchen die Schülerinnen und Schüler das Verhältnis Maiks zu den Mädchen und sammeln Textbelege. 4. Die Arbeitsergebnisse werden der Klasse als Plakat, Dialog oder als Lesung der Textausschnitte präsentiert.
Zielvorstellungen/ Kompetenzbeschreibungen KV 5.3	Die Schülerinnen und Schüler erwerben und verfügen über folgende Kompetenzen. Sie – fassen wesentliche Aussagen mit Textbelegen zusammen. – interpretieren einen Textausschnitt.
Durchführung/ Unterrichtsschritte KV 5.3	1. Die Schülerinnen und Schüler lesen Kapitel 16 und fassen die wichtigsten Aussagen zu Tschicks und Maiks Einstellung zur Liebe in einer Tabelle zusammen. 2. Im Anschluss daran lesen sie Kapitel 41 und überlegen in Einzelarbeit, warum Tschick seine Homosexualität geheim gehalten hat. 3. Die Ergebnisse aus den Aufgaben 1 und 2 fließen in der Interpretation einer Aussage Maiks zusammen.

Zielvorstellungen/ Kompetenz-beschreibungen KV 5.4	Die Schülerinnen und Schüler erwerben und verfügen über folgende Kompetenzen. Sie - stellen eine Figurenkonstellation grafisch dar, die das Verhältnis der Figuren zum Ausdruck bringt. - setzen sich kreativ mit dem Romaninhalt auseinander.
Durchführung/ Unterrichtsschritte KV 5.4	1. In Partnerarbeit wird die Figurenkonstellation grafisch dargestellt. 2. Die Schülerinnen und Schüler beschreiben ausgehend vom Romanende in einem kurzen Text eine Situation in der Zukunft. 3. Die Texte werden in der Klasse vorgelesen und besprochen.

Lösungen

Kopiervorlage 5.1 → S. 20

1. - Natur, Einsamkeit, Irrwege durch den Wald bis ans Ziel, das mit eigener Kraft (und nicht mit dem Auto) erreicht werden muss
- Berg als Metapher für die Spannungskurve der Geschichte, für die Überwindung von Hindernissen
- Aussicht und Ausblick in die Ferne der Zukunft, Losgelöstsein, Annäherung an den Himmel und das Sonnenlicht
- Zuflucht (siehe Noahs Arche), das Wasser kommt von den Bergen (elementares Lebenselixier)
- Streben, Erfolg durch Anstrengung, Selbstvertrauen und Persönlichkeit
- Gipfel als Ziel, Bergbesteigung ist eine Symbolhandlung der Suche nach geistiger und transpersonaler Erfahrung
- Anspruchs-, Leistungs- und Erfolgsthematik, Ehrgeiz und Zielstrebigkeit, Ausdauer und Beharrlichkeit, Mühe, Anstrengung oder (Über-)Anstrengung, Gefahr sich (im Leben) zu überschätzen und abzustürzen, Gefälle = Macht und Ohnmacht, Kraft und Schwäche, Dominanz und Unterwerfung, Weitblick und geistige Beschränktheit

2.–4. Individuelle Schülerlösungen

Kopiervorlage 5.2 → S. 21

1. Individuelle Schülerlösungen

2. S. 40: „Das war die Scheißschule, und das war das Scheißmädchenthema, und da gab es keinen Ausweg."

S. 58: „Ich hatte mir die letzten zwei CDs gekauft und hörte sie in Endlosschleife, während ich an Tatjana dachte und daran, mit was für einem Geschenk ich auf dieser Party auflaufen wollte."

S. 93: „Plötzlich stand ich mit der Zeichnung neben Tatjana, und ich glaube, sie guckte mich genauso irritiert an wie vorher Tschick."

S. 157: „Ich hielt eine Ranke mit Daumen und Zeigefinger vorsichtig von mir weg und schaute zwischen den Blättern durch auf das Mädchen, das da singend und summend und Brombeeren kauend im Gebüsch stand."

S. 172: „Ich fand Isa zwar toll und immer toller, aber ich fand es eigentlich auch vollkommen ausreichend, in diesem Nebelmorgen mit ihr dazusitzen und ihre Hand auf meinem Knie zu haben, und es war wahnsinnig deprimierend, dass sie die Hand jetzt wieder weggenommen hatte."

S. 176: „Sie umarmte Tschick, dann sah sie mich einen Moment lang an und umarmte mich auch und küsste mich auf den Mund."

S. 237: „Tatjana war so schön an diesem Morgen, dass es mir schwerfiel, nicht dauernd zu ihr rüberzugucken."

S. 238: „Da stand: *Mein Gott, was ist denn mit dir passiert?!? Tatjana.*"

S. 250: „Ich lag den ganzen Nachmittag damit auf dem Bett und dachte darüber nach, ob ich jetzt eigentlich mehr in Tatjana verliebt war oder mehr in Isa, und ich wusste es nicht."

3. Individuelle Schülerlösungen

Kopiervorlage 5.3 → S. 22

1.

Meinung zu …	Maik	Tschick
Mädchen	- Tatjana ist „das schönste Mädchen der Welt". (S. 8) - Findet es leichter, sich mit älteren Frauen als mit gleichaltrigen Mädchen zu unterhalten. (S. 16) - „nackte Frauen sind toll" (S. 22) - Mädchen sitzen im Sportunterricht rum, tuscheln, feuern nur die beliebten Jungs an, für die sie sich interessieren. (S. 36–40) - Aufgrund des Desinteresses der Mädchen an ihm beschreibt er diese Problematik als „Scheißmädchenthema". (S. 40) - Es macht ihn traurig, dass die Jahrgangsschönsten irgendwann zu „beigen Rentnerinnen" würden. (S. 118)	- Mädchen mögen keine Jungs, vor denen sie Angst haben und die sie nicht beachten. (S. 213) - Mädchen interessieren ihn nicht. (S. 214)
Homosexualität	- Findet es „nicht schlimm", wenn jmd. homosexuell ist, findet einige Sexualpraktiken „eklig". (S. 85 f.) - Wird relativ schnell genervt und aggressiv bei der Vermutung, schwul zu sein (S. 86), ist nicht homosexuell. - Ist nicht überrascht über Tschicks Homosexualität, meint, er hätte eine Ahnung gehabt aufgrund Tschicks Verhaltens. (S. 214) - „Dachte einen Moment darüber nach, auch schwul zu werden". (S. 214) Meint, das wäre die Lösung all seiner Probleme, schafft es aber nicht. Mag Tschick sehr gerne, aber Mädchen lieber. (S. 214)	- Stellt sich zunächst durch Aufzählung gutaussehender Mädchen als heterosexuell dar. (S. 77) - Findet Schwulsein „nicht schlimm", hat einen homosexuellen Onkel. (S. 85) - Weist darauf hin, dass man für seine sexuelle Orientierung nichts kann. (S. 85, S. 214), ist homosexuell. (S. 214) - Es fällt ihm schwer, darüber zu reden, er hält sonst seine Homosexualität geheim. (S. 213)

2.–3. Individuelle Schülerlösungen

Kopiervorlage 5.4 → S. 23

1.–3. Individuelle Schülerlösungen

Modul 6: Sprachbetrachtung

Intention	Das Modul soll Schülerinnen und Schüler zur reflexiven Betrachtung der von ihnen und von Wolfgang Herrndorf in dem Buch „Tschick" verwendeten Sprache anleiten.
Zeitbedarf	1 Doppelstunde (KV 6.1), 1 Doppelstunde (KV 6.2)
Material	KV 6.1 (obligatorisch), KV 6.2 (fakultativ)
Didaktische Hinweise	Das Modul greift auf Ergebnisse der Gruppenarbeit aus KV 2.1 (Modul 1: Zugänge) zurück, die noch einmal aufgerufen werden können.
Sozialform	Einzelarbeit/Partnerarbeit/Gruppenarbeit/Unterrichtsgespräch
Zielvorstellungen/ Kompetenz-beschreibungen KV 6.1	Die Schülerinnen und Schüler erwerben und verfügen über folgende Kompetenzen. Sie - beschreiben die sprachliche Gestaltung eines Textes. - vergleichen verschiedene Sprachstile. - erklären und vergleichen Abkürzungen und Kurzwörter.
Durchführung/ Unterrichtsschritte KV 6.1	1. Ausgehend von einer konkreten Textstelle und einem Rätsel diskutieren die Schülerinnen und Schüler die Unterschiede zwischen Jugend- und Standardsprache. 2. Die Ergebnisse können schriftlich an der Tafel gesammelt werden. 3. In Partnerarbeit werden die Unterschiede noch einmal schriftlich festgehalten.
Zielvorstellungen/ Kompetenz-beschreibungen KV 6.2	Die Schülerinnen und Schüler erwerben und verfügen über folgende Kompetenzen. Sie - analysieren sprachliche Mittel. - untersuchen den Zusammenhang zwischen Inhalt, Sprache und Form. - untersuchen und erstellen eine Deutungshypothese. - erstellen eine Mindmap.
Durchführung/ Unterrichtsschritte KV 6.2	1. Die Schülerinnen und Schüler suchen im Text fünf auffällige sprachliche Mittel und belegen diese mit Beispielen. 2. Sie untersuchen den Zusammenhang zwischen Inhalt, Sprache und Form konkret an diesen Beispielen. 3. Ausgehend von einer Textstelle setzen sie sich mit einer Deutungshypothese auseinander. 4. Die Ideen können auch als Hausaufgabe schriftlich ausgearbeitet werden.

Lösungen

Kopiervorlage 6.1 → S. 24 ff.

1. Die Unterhaltung Maiks mit der Krankenschwester impliziert bereits die Tatsache, dass sich sein Sprechen von dem älterer Personen unterscheidet, sowie die Problematik, dass der Variationsreichtum der Jugendsprache – abgesehen von der Schüchternheit und Beklemmung im Umgang mit dem anderen, gleichaltrigen Geschlecht – im Vergleich zu der klaren Standardsprache viele Kommunikationsschwierigkeiten bereiten kann. Die Standardsprache ist im Allgemeinen für den Großteil Kommunizierender verständlicher und eindeutiger zu interpretieren.

2.–3. Entspricht die Sprache eher der Standardsprache oder der Jugendsprache? – Jugendsprache

Was unterscheidet diese Sprachstile voneinander? – siehe Antwort zu KV 2.1, S. 48 f.

Welche Funktion hat die Jugendsprache für die Heranwachsenden? – Abgrenzung, Ergänzen des bisherigen Wortschatzes durch Neubildungen bei neu zu benennenden Sachverhalten, (kreativer) Ausdruck des Denkens, Mitteilungsbedürfnis, …

In welcher Situation verwendet ihr die Jugendsprache? – Pause, nach Schulende, am Telefon, beim Chatten, …

4. richtige Lösung: YOLO („You only live once")

5.–9. Individuelle Schülerlösungen

10. Manche der Abkürzungen und Kurzwörter können auch in beide Spalten geschrieben werden (z. B. OMG), da diese Abkürzung für „Oh mein Gott" heutzutage ebenso ausgesprochen wird wie „LOL" für „laughing out loud".

Abkürzungen	Kurzwörter
DZ (Doppelzimmer)	Auto (Automobil)
GG (Grundgesetz)	TV (Television)
ARD/Aufl./BGB/bzw./cm/WTF/ebd./z. B./MfG/ LG/HDGDL/PS/P.S./3D/OMG/VfB	Demo/DVD/Kripo/PC/SMS/Web-Cam/Hi-Fi/Selfie/H8er

Kopiervorlage 6.2 → S. 27 f.

1.

sprachliche Mittel	Erläuterungen	Beispiele aus „Tschick"
Symbole	- Sind in einem Kulturkreis festgelegte bildliche Zeichen. Sie bestehen aus zwei Teilen: 1. Bild 2. Gedanke oder Aussage, die auf das Symbol verweist.	Kap. 20: Kompass = Orientierung, Reise, (See-)Fahrt (S. 105)
veränderte Satzgliedfolge	Umstellung bewirkt Betonung, Lenkung der Aufmerksamkeit auf das Wort am Satzanfang.	Kap. 2: „Das Sagen hat nämlich eindeutig der Arzt und nicht der Polizist […]." (S. 12 f.)
rhetorische Frage	- Ist eine Frage, auf die der Fragende keine direkte Antwort erwartet. - Sie dient nicht dem Gewinn an Informationen, sondern dazu, eine indirekte Aussage zu machen. - Unterschiedliche Betonungen lösen verschiedene Reaktionen beim Zuhörer aus.	Kap. 2: „Was ist das denn für eine Frage? Halten die mich für meschugge?" (S. 13)
Ironie	- feiner, verdeckter Spott - Die Sprechenden behaupten etwas, das ihrer wahren Einstellung oder Überzeugung nicht entspricht (lässt diese für ein bestimmtes Publikum ganz oder teilweise durchscheinen).	Kap. 1: „Vielleicht wäre Foltern sogar ganz angenehm, dann hätte ich wenigstens einen Grund für meine Aufregung." (S. 7 f.)
Ellipse	- Auslassen von Satzteilen bzw. Sätze (häufig Prädikat oder Verb). - Elliptische Auslassungen lassen sich mithilfe des sprachlichen oder situativen Kontextes rekonstruieren.	Kap. 1: „War doch die ganze Zeit klar, dass es so endet." (S. 7)
Vergleich	- Sprachlicher Ausdruck, bei dem etwas mit etwas aus einem anderen (gegenständlichen) Bereich im Hinblick auf ein beiden Gemeinsames in Beziehung gesetzt und dadurch eindringlich veranschaulicht wird.	Kap. 2: „Der Arzt macht den Mund auf und zu wie ein Karpfen." (S. 12)

2. Maik und Tschick sind allein bzw. zu zweit in der Welt, keinem anderen sind sie nah, fühlen sich klein und unbedeutend (sogar mehr als Insekten), nur sie wissen von der Schlacht im Weltall bzw. von den Schlachten, die sie jeden Tag auf dem Weg zum Erwachsensein schlagen müssen, das Weltall als Symbol für Weite, das Schicksal steht in den Sternen, Menschheit als Horrorfilm und voller Wahnsinn …

3. Individuelle Schülerlösungen

4. Berlin als Hauptstadt voller Menschen, zugleich Anonymität der Großstadt, Weltzeituhr als Symbol für die Vergänglichkeit, aber auch den Zusammenhang in der Welt, Treffpunkt für viele Personen und somit Frage nach der Möglichkeit des Wiedersehens …

Modul 7: Reaktionen: Der Autor im Interview und in der Buchkritik

Intention	Das Modul beschäftigt sich mit dem Leben und Werk des Autors Wolfgang Herrndorf sowie mit der Wirkung des Romans „Tschick".
Zeitbedarf	1 Unterrichtsstunde (KV 7.1), 1 Unterrichtsstunde (KV 7.2), 1 Unterrichtsstunde (KV 7.3)
Material	KV 7.1 (fakultativ), KV 7.2 (obligatorisch), KV 7.3 (obligatorisch)
Didaktische Hinweise	KV 7.3 kann als Hausaufgabe gestellt werden.
Sozialform	Einzelarbeit/Gruppenarbeit/Unterrichtsgespräch
Zielvorstellungen/ Kompetenz-beschreibungen KV 7.1	Die Schülerinnen und Schüler erwerben und verfügen über folgende Kompetenzen. Sie – lernen Leben und Werk eines Autors kennen.
Durchführung/ Unterrichtsschritte KV 7.1	1. Die Schülerinnen und Schüler recherchieren in Gruppen z. B. im Internet zum Autor Wolfgang Herrndorf. 2. Die Rechercheergebnisse werden im Unterrichtsgespräch an der Tafel ausgewertet. 3. In Einzelarbeit werten die Schülerinnen und Schüler das Interview aus. Sie beantworten Fragen zur Wahl des Genres sowie zur Arbeitsweise des Autors.
Zielvorstellungen/ Kompetenz-beschreibungen KV 7.2	Die Schülerinnen und Schüler erwerben und verfügen über folgende Kompetenzen. Sie – untersuchen die Wirkung des Romans.
Durchführung/ Unterrichtsschritte KV 7.2	1. Die Schülerinnen und Schüler lesen die Jurybegründung. 2. Sie werten die Jurybegründung in Einzelarbeit schriftlich aus.
Zielvorstellungen/ Kompetenz-beschreibungen KV 7.3	Die Schülerinnen und Schüler erwerben und verfügen über folgende Kompetenzen. Sie – verfassen eine eigene Kurzrezension zum Roman. – geben Feedback.
Durchführung/ Unterrichtsschritte KV 7.3	1. Die Schülerinnen und Schüler machen sich mit den Schritten zum Verfassen einer eigenen Buchkritik in der Kompetenzbox vertraut. 2. Sie schreiben eine eigene Kurzrezension, nachdem sie zunächst den Aufbau in Stichpunkten geplant haben. 3. Die Rezensionen werden in der Klasse vorgelesen und ein Feedback wird eingeholt.

Lösungen

Kopiervorlage 7.1 → S. 29 f.

1. vgl. „Analyse und Interpretation", S. 44.

3. Gute Erinnerungen an Bücher und positive Leseeindrücke aus seiner eigenen Kindheit werden hervorgerufen.

4. Ausgehend von eigenen Leseerfahrungen und Vorlieben hat er die Handlungsstruktur in wenigen Minuten im Kopf (Z. 11); er versucht nicht, mit „Slang um sich zu schmeißen", um glaubhaft zu bleiben; denkt sich beim Schreiben nicht viel, außer, dass es nicht langweilig sein soll; ist kein Freund der Recherche

Kopiervorlage 7.2 → S. 31 f.

1.–2. Welche Inhaltspunkte werden von der Jury benannt?
- zwei Jungs, beide aus verschiedenen Gründen Außenseiter, beide 14 Jahre alt
- Andrej Tschichatschow, ein russischer Migrant, klug, aber schweigsam im Unterricht, erscheint schon mal alkoholisiert in der Schule.
- Maik Klingenbergs Vater ist ein nahezu bankrotter Geschäftsmann mit Geliebter, seine Mutter zwischen Entzugsklinik und Tennisplatz lebend.
- Maik ist hoffnungslos verliebt in Tatjana Cosic, die „super" aussieht und einen Meter 65 groß ist, wie Maik durch die Schuluntersuchung weiß.
- Tschick und Maik schnappen sich eines Abends einen alten Lada und fahren los.
- Die Sprachtherapeutin fährt Tschick ins Krankenhaus.
- Die Reise hat ein jähes Ende.

Welche Figuren werden erwähnt?
- Maik, Tschick, Tatjana, Vater, Mutter, Horst Fricke, Isa, Sprachtherapeutin, Krankenschwester, der vom nächtlichen Anruf Maiks aus dem Krankenhaus geweckte Mann

Welche Aussagen werden zur Gestaltung (Stil, Sprache, Zielgruppe,...) des Romans gemacht?
- Erzählung mit Tempo und Witz, geistreichen Schilderungen, bittersüßer Ironie, virtuos, filmisch, voller komischer Dialoge
- jugendlich-authentischer Erzählton
- Jugendbuch
- Abenteuer- und Bildungsroman
- bis zum filmreifen Finale konsequent durchgehaltener Spannungsbogen

Was erfährst du über den Autor Wolfgang Herrndorf?
- scharfe Beobachtungsgabe, Faible für skurrile Situationen, feines Gespür für jugendrelevante Themen
- Erneute Lektüre seiner Kinderbücher brachte ihm hilfreiches Wissen zum Schreiben eigener Bücher (Modernisierung seiner Kindheitslektüre).

Kopiervorlage 7.3 → S. 33

1.–3. Individuelle Schülerlösungen

Modul 8: Freundschaft in Literatur, Film und Comic

Intention	Das Modul dient als Zusatzmaterial und beschäftigt sich vom Roman „Tschick“ und dem Motiv der Freundschaft ausgehend mit der Intertextualität und mit medialen Verweisen durch mehrere Genres hindurch.
Zeitbedarf	1 Unterrichtsstunde (KV 8.1), 1 Unterrichtsstunde (KV 8.2), 1 Unterrichtsstunde (KV 8.3), 1 Unterrichtsstunde (KV 8.4), 1 Unterrichtsstunde (KV 8.5)
Material	KV 8.1 (fakultativ), KV 8.2 (fakultativ), KV 8.3 (fakultativ), KV 8.4 (obligatorisch), KV 8.5 (fakultativ)
Didaktische Hinweise	Die Kopiervorlagen sind als ergänzende Zusatzmaterialien zu verstehen, die einführend eingesetzt, aber auch als Hausaufgabe verteilt werden können (vor allem KV 8.3). Kopiervorlage 8.4 kann exemplarisch dazu eingesetzt werden, die Vor- und Nachteile unterschiedlicher medialer Darstellungsweisen herauszuarbeiten.
Sozialform	Einzelarbeit/Partnerarbeit/Gruppenarbeit/Unterrichtsgespräch
Zielvorstellungen/ Kompetenzbeschreibungen KV 8.1	Die Schülerinnen und Schüler erwerben und verfügen über folgende Kompetenzen. Sie - erstellen ein Akrostichon. - fertigen eine Collage zum Thema „Freundschaft“ an.
Durchführung/ Unterrichtsschritte KV 8.1	1. Die Schülerinnen und Schüler erstellen wahlweise oder in der vorgegebenen Reihenfolge ein Akrostichon und eine Collage zum Thema „Freundschaft“. 2. Die Ergebnisse können im Klassenraum präsentiert werden.
Zielvorstellungen/ Kompetenzbeschreibungen KV 8.2	Die Schülerinnen und Schüler erwerben und verfügen über folgende Kompetenzen. Sie - führen einen Textvergleich durch.
Durchführung/ Unterrichtsschritte KV 8.2	1. Die Schülerinnen und Schüler lesen zunächst die Textausschnitte aus Mark Twains „Huckleberry Finn“. Ggf. kann von ihnen oder der Lehrkraft eine kurze Inhaltsangabe hinzugezogen werden. 2. Die Schülerinnen und Schüler finden in Einzel- oder Partnerarbeit Vergleichsaspekte zu dem Roman „Tschick“ und begründen ihre Wahl. 3. Die Auswertung erfolgt im Unterrichtsgespräch und kann in Bezug gesetzt werden zu den Ergebnissen der anderen Kopiervorlagen dieses Moduls.
Zielvorstellungen/ Kompetenzbeschreibungen KV 8.3	Die Schülerinnen und Schüler erwerben und verfügen über folgende Kompetenzen. Sie - vergleichen Filminhalte.
Durchführung/ Unterrichtsschritte KV 8.3	1. Die Schülerinnen und Schüler sehen sich im Internet die Filmtrailer der angegebenen Filme an und informieren sich selbstständig über deren Inhalte. 2. Sie vergleichen die Filminhalte nach vorgegebenen Kriterien. 3. Die Auswertung erfolgt im Unterrichtsgespräch und kann in Bezug gesetzt werden zu den Ergebnissen der anderen Kopiervorlagen dieses Moduls.
Zielvorstellungen/ Kompetenzbeschreibungen KV 8.4	Die Schülerinnen und Schüler erwerben und verfügen über folgende Kompetenzen. Sie - gestalten einen Textausschnitt als Comic. - vergleichen mediale Darstellungsweisen.

Durchführung/ Unterrichtsschritte KV 8.4	1. Die Schülerinnen und Schüler wählen einen kurzen Textausschnitt aus dem Roman „Tschick". 2. Sie stellen den Ausschnitt als Comic dar. 3. Sie stellen ihre Ergebnisse der Klasse vor und diskutieren die Vor- und Nachteile der Darstellungsweise. 4. Die Diskussionsergebnisse werden noch einmal schriftlich in einer Tabelle festgehalten.
Zielvorstellungen/ Kompetenzbeschreibungen KV 8.5	Die Schülerinnen und Schüler erwerben und verfügen über folgende Kompetenzen. Sie - erschließen Gedichte unter thematischen Aspekten. - reagieren produktiv auf Gedichte.
Durchführung/ Unterrichtsschritte KV 8.5	1. Die Schülerinnen und Schüler lesen die zwei Gedichte und wählen eines davon aus. 2. Sie analysieren das Gedicht hinsichtlich der Darstellungsweise des Freundschaftsmotivs. 3. Sie setzen das Gedicht und die Arbeitsergebnisse in Bezug zum Roman „Tschick". 4. Sie verfassen ein eigenes Gedicht zum Thema „Freundschaft".

Lösungen

Kopiervorlage 8.1. → S. 34

1.–2. Individuelle Schülerlösungen

Kopiervorlage 8.2. → S. 35

1. Individuelle Schülerlösungen

Kopiervorlage 8.3. → S. 36

1. Individuelle Schülerlösungen

2.

Film	Inhalt	Charakterisierung der beiden Freunde	Besonderheiten der Freundschaft	Parallelen zu „Tschick"
Ziemlich beste Freunde	- Entwicklung der Freundschaft zwischen Tetraleptiker Philippe und seinem Pflegehelfer Driss. - Driss bewirbt sich nach seiner Haft als Pflegehilfskraft, wird wider Erwarten genommen, da Philippe seine Mitleidlosigkeit schätzt. - Er führt Driss an die klassische Musik und die Malerei heran. - Sie gehen gemeinsam nach dem gescheiterten Treffen zwischen der Brieffreundin Éléonore und Philippe auf die Reise, da Philippe mit Driss Gleitschirm fliegen möchte. - Driss verlässt ihn aufgrund familiärer Probleme, kehrt aber zurück. - Am Ende hat Driss ein Treffen mit Philippes Brieffreundin Éléonore arrangiert.	Philippe: wohlhabend, lebt isoliert, verwitwet, halsabwärts gelähmt, hat eine Adoptivtochter, eine geliebte Brieffreundin, wird durch Driss offener, wagemutiger und froher. Driss: saß im Gefängnis, humorvoll, unvoreingenommen, mitleidlos, anpackend, entstammt schwierigen Familienverhältnissen, unhöflich, unkonventionell und kriminell.	- Zwei Männer aus unterschiedlichen Milieus und familiären/sozialen Verhältnissen freunden sich an.	- Driss hilft Philippe bei dem Treffen mit dessen Brieffreundin, so wie Tschick Maik hilft. - Zwei Einzelgänger finden zueinander, einer aus reichem, aber einsamem Haus, der andere mit krimineller Vergangenheit und aus schwierigen Familienverhältnissen. - Sie widersetzen sich Konventionen und helfen einander in einer schwierigen Lebensphase.

Film	Inhalt	Charakterisierung der beiden Freunde	Besonderheiten der Freundschaft	Parallelen zu „Tschick"
Tom Sawyer	- Tom Sawyer wohnt mit seinem Halbbruder Sid am Mississippi bei seiner Tante Polly. - Spielt dauernd Streiche. - An seiner Seite ist sein bester Freund Huck Finn. - Tom ist in Becky Thatcher verliebt und will ihr imponieren. - Tom und Huck beobachten einen Mord. Tom muss sich entscheiden, ob er das Leben des zu Unrecht beschuldigten Muff Potters oder sich und seine Freundschaft zu Huck retten soll. - Beide reißen aus, werden Piraten, kehren als Totgeglaubte zurück. - Am Ende sind sie nach einem Schatzfund reich und werden als Helden gefeiert, Huck wird adoptiert.	- Tom Sawyer ist frech, klug, liebenswürdig, spielt gerne Streiche, ist draufgängerisch, fantasievoll, abenteuerhungrig, schwer erziehbar, verhält sich regelwidrig, schwänzt die Schule. - Huck Finn ist frech, klug, verhält sich regelwidrig, lebt ohne festen Wohnsitz, hat nur seinen alkoholsüchtigen Vater, ist dennoch glücklich, genießt es, in den Tag hineinzuleben, zu angeln und in der Sonne zu liegen.	- kindliche, unkonventionelle Freundschaft voller Abenteuer	- Huck und Tom sind beste Freunde, die auf der Suche nach Abenteuern sind. - Sie sind nur etwas jünger als Maik und Tschick. - Tom macht wie Maik erste Erfahrungen mit der Liebe, versucht auch, durch seine Zeichenkünste zu beeindrucken. - Alkoholismus eines Elternteils - Beide kommen aus schwierigen Familienverhältnissen.

Kopiervorlage 8.4. → S. 37

1.–2. Individuelle Schülerlösungen

Kopiervorlage 8.5. → S. 38

1.–3. Individuelle Schülerlösungen

Modul 9: Schlüsselszenen schriftlich interpretieren

Intention	In diesem Modul können die Untersuchungsergebnisse der vorhergehenden Module in einer schriftlichen Interpretation zusammengeführt werden.
Zeitbedarf	1 Doppelstunde (KV 9.1)
Material	KV 9.1 (fakultativ)
Sozialform	Einzelarbeit
Zielvorstellungen/ Kompetenz-beschreibungen KV 9.1	Die Schülerinnen und Schüler erwerben und verfügen über folgende Kompetenzen. Sie - überprüfen und erstellen Deutungshypothesen. - interpretieren schriftlich eine Textstelle.

Lösungen

Kopiervorlage 9.1. → S. 39 ff.

1.–5. Individuelle Schülerlösungen

Klassenarbeitsvorschläge

Intention	Das Modul liefert zwei Klassenarbeiten, die am Ende der Unterrichtseinheit eingesetzt werden können.
Zeitbedarf	1 Doppelstunde (KV 10), 1 Doppelstunde (KV 11)
Material	KV 10 (fakultativ), KV 11 (fakultativ)
Sozialform	Einzelarbeit
Zielvorstellungen/ Kompetenz-beschreibungen KV 10	Die Schülerinnen und Schüler erwerben und verfügen über folgende Kompetenzen. Sie - erstellen und begründen eine eigene Deutungshypothese. - skizzieren den Handlungsverlauf. - überprüfen ihre Textkenntnisse.
Zielvorstellungen/ Kompetenz-beschreibungen KV 11	Die Schülerinnen und Schüler erwerben und verfügen über folgende Kompetenzen. Sie - schreiben einen Bericht. - setzen sich mit dem Genre auseinander. - überprüfen ihre Textkenntnisse.

Lösungen

Kopiervorlage 10 → S. 42

1.

Station	Bedeutung für die Freundschaft
Sternenbeobachtung, Kapitel 23, S. 120 ff.	Schlüsselstelle für Freundschaft, Erkennen von Gemeinsamkeiten, Interessen, Zueinanderfinden
Bergbesteigung, Kapitel 34, S. 173–177	metaphorisches Ziel Berg erreicht, Freundschaft bestätigt
Friedemann-Episode, Kapitel 25, S. 128–133	gemeinsames Erleben einer ungewöhnlichen Familie, Nachdenken über Werte

2. Individuelle Schülerlösungen

3.

Isa ...	richtig	falsch
a) lernt Maik und Tschick auf einer Müllkippe kennen.	X	
b) riecht gut und benutzt keine Schimpfwörter.		X
c) versteht sich mit Tschick sofort gut.		X
d) möchte später Lehrerin werden.		X
e) möchte Maik nie wiedersehen.		X

4. Außenseiter sind sie nur zu Beginn, dann durch Freundschaft und Erlebnisse nicht mehr;
Freundschaft überwindet Außenseitertum, Freunde erkennen ihren Wert und das, was wichtig im Leben ist.

Kopiervorlage 11 → S. 43

1.–2. Individuelle Schülerlösungen

3.

Tatjana ...	richtig	falsch
a) ist für Maik das schönste Mädchen der Welt.	X	
b) ist älter als Maik.		X
c) hört am liebsten Heavy Metal.		X
d) ist gut in Sport und Englisch.	X	
e) hat ausnahmslos alle aus der Klasse zu ihrem Geburtstag eingeladen.		X
f) ist in Maik verliebt.		X

4.

Person	→	Aussage
Tschick		„Ich fahr weg. Auf die Beautyfarm."
Maik		„Zieh deine geile Jacke an, nimm deine Zeichnung und schwing deinen Arsch ins Auto."
Maiks Mutter		„Tschöck ond öch sönt möt döm Auto höromgöfohrön."
Isa		„Alles sinnlos. Auch die Liebe. Carpe Diem."
Friedemann		„Wir könnten ja auch erstmal küssen."
Horst Fricke		„Wir kaufen nicht im Supermarkt."
Wagenbach		„Ich hatte nie einen Spitznamen."

5. Mögliche Deutungsphypothese: Der Abschluss des Romans zeigt die enge Bindung zwischen Mutter und Sohn und vor allem ihre Liebe füreinander. Darauf kommt es im Leben an.
Im Moment der Schwerelosigkeit vergessen beide ihre Sorgen.